時裝

Fashion: A Very Short Introduction

U0134667

Fashion: A Very Short Introduction

時裝

麗貝卡·阿諾德 (Rebecca Arnold) 著

朱俊霖 譯

OXFORD
UNIVERSITY PRESS

OXFORD
UNIVERSITY PRESS

Oxford University Press is a department of the University of Oxford.
It furthers the University's objective of excellence in research, scholarship,
and education by publishing worldwide. Oxford is a registered trade mark of
Oxford University Press in the UK and in certain other countries

Published in Hong Kong by
Oxford University Press (China) Limited
39/F, One Kowloon, 1 Wang Yuen Street, Kowloon Bay, Hong Kong

This orthodox Chinese edition © Oxford University Press (China) Limited

The moral rights of the author have been asserted

First edition published in 2019

時裝

麗貝卡‧阿諾德（Rebecca Arnold）著

朱俊霖 譯

ISBN: 978-0-19-047700-4

1 3 5 7 9 10 8 6 4 2

English text originally published as *Fashion: A Very Short Introduction*
by Oxford University Press © Rebecca Arnold 2009

For Adrian

目錄

致謝

在這裏我要感謝Andrea Keegan，她是牛津大學出版社負責此書的編輯，感謝她對於這本書全力的支持與始終的鼓勵。我還要感謝倫敦皇家藝術學院設計史系的所有同仁與同學。Caroline Evans提出的精彩建議，Charlotte Ashby與Beatrice Behlen對書稿所做的細緻點評，都使我感激不盡。感謝Alison Toplis、Judith Clark，還有Elizabeth Currie給這本書的有益建言。最後，衷心地感謝我的家人，感謝Adrian Garvey所付出的一切。

引言

　　「惡毒的繆斯」（*Malign Muses*）是克拉克（Judith Clark）2005年在安特衛普時尚博物館策劃的一場開創性大展，展覽集合了最新款時裝與古董服裝，並將它們分列於一系列令人嘆為觀止的佈景之中。佈景設計看上去與19世紀的露天市場類似，簡潔單調的木質結構組成了可以轉動的展架，托萊多（Ruben Toledo）創作的大型黑白調時裝繪畫作品更為展覽增添了一絲略帶魔幻又戲劇化的感覺。這次展覽重點呈現了時裝的令人興奮之處與壯觀場面。John Galliano和Alxander McQueen複雜精妙的時裝設計，與兩次世界大戰之間的高級定製時裝雜陳一堂，其中就有夏帕瑞麗（Elsa Schiaparelli）著名的「骨骼裙」，這襲黑色的緊身裙上裝飾着突起的骨骼結構。一條造型誇張的1950年代Christian Dior晚禮服，絲綢用料極具質感，上身是有型的胸衣，下身是拖曳的長裙，腰身之後打上了蝴蝶結；與它陳列在一起展示的，是一件19世紀晚期印度生產的精緻白色棉布夏裝，裝飾有印度傳統的鏈式針法刺繡紋樣。比利時設計師Dries Van Noten 1990年代末製作的寶石色印花與光潔的亮片設計立在一套色

彩艷麗的拉克魯瓦（Christian Lacroix）1980年代套裝旁邊。各式服裝複雜精美的組合在克拉克設計巧妙的佈景烘托之下使人一目瞭然，她的排布方式集中於時裝對歷史進行借鑒與參考的種種豐富多變的形式之上。這場展覽的戲劇式場景吸收了18世紀的即興喜劇和假面舞會元素，也直接借鑒了當代時裝設計師在他們每一季時裝秀場中對戲劇感與視覺衝擊力的運用。

「惡毒的繆斯」後來移師倫敦的維多利亞和阿爾伯特博物館，在那裏被重新命名為「魅影：時裝回眸」（*Spectres: When Fashion Turns Back*）。這個新名字傳達出了時裝最為核心的一個矛盾：時裝總是追趕着最新的潮流，可與此同時它又一刻不停地回首過去。克拉克極為有效地呈現了這一核心的對立，鼓勵參觀者思考時裝豐富的歷史，同時把它與時裝的最新議題聯繫起來。通過把時代不同，但技法、設計或是主題相似的服飾並列陳設，克拉克實現了這一效果。展覽的成功也要歸功於克拉克與時裝史學家、理論家埃文斯（Caroline Evans）的密切合作。通過借用埃文斯在她2003年的著作《前衞時裝：壯美、現代與死寂》（*Fashion at the Edge: Spectacle, Modernity and Deathliness*）中對時裝及時裝史的重要解讀，克拉克揭示了時裝背後鮮為人知的推動力量。埃文斯向世人清楚展示了舊時代是如何一直影響着時裝的，正如它在始終影響着更廣泛意義上的文化一樣。對過去的借鑒可以增加新式

圖1　2005年由朱迪思‧克拉克設計、策展的安特衛普時尚博物館「惡毒的繆斯」展覽一角

誇張設計的可接受度，並且將其與曾經備受崇敬的典範聯繫在一起。這在展覽中格雷夫人(Mme Grès)裙裝設計的纖巧褶襉上就能看出來，它正是以經典的古代服飾為靈感來源的。時裝始終追求着年輕和新鮮，它甚至可以表達人類對死亡的恐懼，荷蘭的Viktor and Rolf就用全黑的哥特風格禮服清晰地傳遞着這些信息。

參觀者因此不僅可以看到時裝在視覺與材料層面對其歷史的運用，又能夠通過一系列滑稽的表演片段，得以探究服裝更深層的意義。作為對展覽露天集市主題的延續，一系列巧妙構思的視覺錯覺借用鏡子迷惑着參觀者的雙眼。展覽中的裙裝看上去一會兒出現一會兒又消失，它們要從小孔中窺視，或者被放大或縮小。於是，參觀者不得不全神貫注地觀察他們眼中的一切，又不斷懷疑自己對眼中事物的判斷。

展覽引發了參觀者對時裝含義的思考。時裝與服裝形成了鮮明比照，後者通常被人們視為一種更加常態化、功能性的衣著形式，其改變是非常緩慢的，而時裝則立足於新奇與變化。它那週期性逐季改變款式的特性在托萊多的圓形繪畫作品中得到了體現，畫中呈現了一個永不停歇的時裝剪影環，每個剪影都與下一個不同。時裝也常常被人們認為是一種加之於服裝的「價值」，讓消費者渴望擁有它們。展覽華美而戲劇化的佈景反映了時裝秀、廣告以及時裝大片通過展示理想化的服裝形態來誘惑、吸引消費者的各種手

段。同樣地，時裝也可以被看作是同質化的一種形式，它煽動所有人都以某種特定方式穿著打扮，可是與此同時，它又追求個性與自我表達。20世紀中葉高級定製時裝在時裝業的獨斷專行，以Dior的時裝為例，與1990年代時裝的豐富多樣形成對比，從而強調了這種矛盾。

這種矛盾引導着參觀者去理解可以在任何時代存在的各種類型的時裝。甚至在Dior的全盛時期，仍然有不同的時尚服飾選擇，不管是加利福尼亞設計師簡潔的成衣風格，還是「泰迪男孩」(Teddy boys)的反叛時裝。時裝可以生發於不同的源頭，可以經設計師和雜誌之手打造出來，也可以在街頭環境中有機地演化。因此，「惡毒的繆斯」展覽本身也成了時裝史上一個意義非凡的節點。它把舊時代與新時代時裝中看似毫不相干的元素統一到了一起，通過感官的佈展方式呈現，令觀眾倍感愉悅又沉迷其間，但又引導他們明白時裝的意義遠超其表象。

正如展覽所揭示的，時裝總是建立在矛盾之上。對某些人來說，它們是曲高和寡的精英，是高級定製工藝與高端零售商的奢華天地。對另一些人而言，它們則不斷更新，隨手可拋，在隨便一條高街都能買到。伴隨新興「時裝都會」的逐年發展，時裝越來越全球化，同時它又可以非常本土化，形成某個小群體專屬的小規模時裝風格。它可以納入專業的學術著作

或是聞名的博物館，也可以出現在電視上的形象改造節目與專題網站裏。正是時裝這種模稜兩可之處讓它如此令人著迷，當然也引得人們冷眼相待，嗤之以鼻。

時尚風潮(fashions)可以誕生在各個領域，從學術理論到傢具設計甚至是舞蹈風格。不過，就一般意義而言，特別是在這個詞以單數形式出現時，它指的是穿衣的時尚。在這本《時裝》裏，我將探尋時裝作為一個產業的運作方式，以及它如何連接起更廣泛意義上的文化、社會及經濟議題。自1960年代開始時裝成為一門可以進行嚴肅學術討論的學科，由此促進了對其作為圖像、客體及文本的諸多分析。從那時起，人們就從一系列重要角度來審視時裝。時裝研究天然的跨學科特性折射出它與歷史、社會、政治和經濟等諸多背景的緊密關聯，也與諸如性別、性向、民族和階級等更加具體的問題聯繫密切。

羅蘭·巴特(Roland Barthes)在其符號學著作《流行體系》(1967)與《時尚語言》中從意象與文本的相互作用出發對時裝進行研究，後者輯錄了他1956年至1967年間的文章。從1970年代開始，文化研究成為探求時裝與身份的新平台：例如，赫伯迪格(Dick Hebdige)在1979年的文本《亞文化：風格的意義》中，說明了街頭時裝是如何在青年文化的影響下演化的。1985年，威爾遜(Elizabeth Wilson)所著的《夢中裝束：時尚與現代性》一書從女性視角對時裝在文

化和社會上的重要性下了一個重要的斷言。藝術史一直以來都是一種重要的方法，它能夠細緻地分析時裝與視覺文化相互交織的不同形式，霍蘭德(Anne Hollander)與里貝羅(Aileen Ribeiro)進行的研究就是個很好的例子。阿諾德(Janet Arnold)等人採用了一種基於博物館研究的方法，她通過觀察博物館收藏的時裝，細緻地研究了服裝的剪裁與結構。多樣化的歷史研究法對研究時裝產業的本質及其與特定背景議題的關係十分重要。這一領域裏有勒米爾(Beverly Lemire)基於商業角度的研究，也包括我本人的研究，還有布魯沃德(Christopher Breward)與文化史相關的研究。自1990年代以來，社會科學界的學者開始對時裝極為感興趣：米勒(Daniel Miller)和恩特威斯爾(Joanne Entwistle)兩人的研究成果就是這股研究趨勢中非常重要的代表。卡羅琳‧埃文斯令人印象深刻的跨學科研究交叉借鑒了各家之法，成果卓著。專業院校裏的時裝研究同樣異彩紛呈。藝術院校極為重視時裝研究，將其作為設計專業課程中的學術培養內容，但它已經擴展到從藝術史到人類學等院系之中，同時也成為本科與研究生階段的專修課程。

　　學術界對時裝的興趣一路延伸到了收藏有重要時裝藏品的眾多博物館中，包括悉尼動力博物館、紐約大都會藝術博物館服飾館以及京都博物館等。策展人對時裝的研究催生了大量的重量級展覽，數目巨大的

觀展人群充分說明了人們對時裝的普遍關注。特別是，展覽在策展人的專業知識與當前的學術觀點之間，在時裝的核心即展出的服飾本身與幫助創造我們心中時裝概念的種種圖像之間，建立了清晰易懂的聯繫。

自文藝復興以降，至今已發展出一個龐大的、國際化的時裝產業。通常認為時裝是從文藝復興時期興起的，它是商貿活動、金融行業的發展，人文主義思潮所激發的對個性的關注，以及社會階級結構轉變等多方因素共同作用的結果，其中階級轉變使得人們渴望視覺上的自我展示，並使更多的人群能夠實現這一願望。時裝信息通過雕版繪畫、行腳商販、書信往來，還有17世紀末發展起來的時尚雜誌得到不斷傳播，這讓時裝越來越可視化，人們也越來越渴望時裝。隨着時裝體系的發展，它逐漸吸納了學徒制和後來的院校課程，以此培育新的設計師與工匠，此外還有手工以及後來工廠化的紡織品與時裝生產、零售行業，以及從廣告到造型和時裝秀製作等豐富多樣的營銷產業。時裝的發展從18世紀晚期開始加快了腳步，等到工業革命正值頂峰的19世紀後半葉，時裝已經涵蓋了許多不同類型的流行風格。這一時期，為不同客戶單獨量體裁衣的高級時裝作為一種精英化的時裝形式在法國逐漸形成。將設計師的想法明確化的高級時裝師們不只是這些手工服飾的創造者，更是不同時代時尚理念的製造者。早期重要的高級時裝師，比如露

西爾(Lucile)，將自己精心設計的時裝用專業的模特展示出來，探索了借助時裝秀為自己的店帶來更多知名度的可行性。露西爾也看到了另一股重要的時裝趨勢，即不斷增長的成衣貿易，它能夠快速且輕鬆地生產大量服裝，並將它們推向更廣泛的受眾。露西爾造訪了美國，在那裏銷售自己的設計，甚至撰寫了流行時裝專欄，這些都突顯了高級時裝風格與流行的成品服裝的發展之間千絲萬縷的關聯。儘管巴黎主宰着高級時裝的種種典範，但世界各地的城市仍打造着自己的設計師與時裝風格。到20世紀晚期，時裝真正地全球化起來，出現了像Esprit和Burberry這樣的品牌巨頭，產品銷售遍佈全球，發源於西方世界之外的時裝也得到了更多的認可。

時裝不只是服飾，也不只是一系列形象。實際上，它是視覺與物質文化的一種生動體現，在社會和文化生活中扮演着重要的角色。它是一股龐大的經濟驅動力，位列發展中國家前十大產業之一。它塑造着我們的身體，塑造着我們審視別人身體的方式。它能夠讓我們以創作自由恣意表達另類的身份，也可以支配人們對美麗和可接受的定義。它提出了重要的倫理與道德質疑，聯結起殿堂藝術與流行文化。雖然這本《時裝》主要關注主導時裝設計領域的女裝，它仍分析了許多重要的男裝案例。它將聚焦時裝發展後期的幾個階段，同時也會回溯19世紀之前的重要先驅，以

此展現時裝是如何演化至今的。書中將會探討主導時裝產業的西方時裝，但同樣會對這種支配地位進行質疑，並展示其他時裝體系是如何發展並與西方時裝交疊的。我還將向讀者介紹那些與時裝產業相互連接的領域，呈現時裝是如何被設計、製造以及銷售的，並剖析時裝與我們的社會文化生活之間重要的聯繫方式。

第一章
設計師

　　Chanel 2008春夏高級定製時裝秀上，一件巨大的品牌標誌性開襟毛呢外套模型矗立在秀場中心的旋轉平台之上。這件紀念碑似的「外套」以木頭製成，配以水泥灰色調的噴塗，在模特身後高聳着。模特從「外套」前襟敞開的部分魚貫而出，昂首闊步地在一眾時尚媒體、買手和各界名流前走過，來到品牌的交扣雙「C」標誌前停步亮相，而後消失在Coco Chanel留下的這個符號性標誌之中。模特身著的服裝色調簡潔，再一次反映出品牌的傳統：生動的黑白二色搭配鴿子灰與極淺的粉色。這一系列的服裝自品牌的斜紋軟呢開襟外套衍生出來，整個Chanel始終在真正意義或隱喻意義上被這款設計影響着。而這次品牌以當代手法重新打造了這一經典款式，使它顯得輕盈而有女人味，褶邊處分離出一簇簇葉片裝飾，或是在修身剪裁上遍佈亮片，下身著略有曲線的半身裙，其精緻廓形源自海貝的天然形態。秀場的佈置與展示的服裝都是品牌淵源的縮影，體現在它們將Coco Chanel酷愛的優雅的半裙套裝、閃亮的人造珠飾以及層疊的晚禮服

所進行的組合之上，同時又融合了品牌目前的設計師卡爾・拉格斐(Karl Lagerfeld)對當代的敏銳見解。

　　Chanel發展成為20世紀最為知名和最具影響力的高級時裝店之一，突顯了成功時裝設計的許多關鍵元素，顯示了設計、文化、商業與至關重要的個性這四者間的相互關係。Coco Chanel作為社會和時尚版面的顯赫人物在1910年代到1920年代間的崛起，從夜場歌手到高級時裝師的神話般的發跡，還有關於她眾多情人的緋聞，這些都為她那簡潔現代的設計風格賦予了一種刺激且神秘的氣息。她的設計本身就耐人尋味，體現了對線條明快而層次簡單的日裝，以及更女性化且戲劇化的晚裝的當代時裝追求。她認為女性應該穿著簡潔，要像她們身著小黑裙的女僕一般，當然，克洛德・巴揚(Claude Baillén)引用Chanel的這句話是想提醒女性「簡單不代表貧窮」。她鍾情於混搭天然與人造珠寶，不斷借鑒男性著裝，這令她蜚聲國際。Coco Chanel的傳記為她帶來了公眾的注意與好奇心，這對於提高她的時裝店的知名度是極為必要的，也讓她作為一名設計師和風雲人物而引人注目。尤為重要的是，她對品牌進行多元經營，發展出配飾、珠寶以及香水等品類，同時還將自己的設計銷售給美國買手，這把她的時尚精髓擴展到了高級時裝消費人群之外的一個空前廣闊的市場，確保了她在經濟上的成功。

圖2 卡爾‧拉格斐設計的2008版經典Chanel套裝

1980年代，時裝評論家卡特(Ernestine Carter)總結了Chanel的成功，認為其建立在「個人魅力的魔法」之上。與Coco Chanel毋庸置疑的設計與造型能力同樣重要的，是她對於理想化自我形象的營銷能力，以及能夠代表自己無可挑剔的顧客形象的能力，這使得她的品牌如此富有吸引力。Chanel設計了自己的形象，而後將這一形象兜售給整個世界。許多後來者跟隨了她的腳步：從1980年代開始，美國設計師凱倫(Donna Karan)成功地為自己打造出一個不斷奮鬥的母親與女商人形象，專為那些像她一樣的女性設計服裝。與她相反，范思哲(Donatella Versace)則始終腳踩高跟鞋、身著極富魅力的緊身服裝出現在鏡頭前，她富豪般的生活方式同樣反映在Versace品牌那些珠光寶氣的奢華時裝中。

　　Chanel現任設計師卡爾‧拉格斐代表了這一命題下另一種不同的表現形式，比起呈現他的消費者的生活方式，他的個人風格彰顯了他作為造詣極深的美學大師的地位。如果說Chanel是她的追隨者的時尚偶像，代表了一種20世紀初期時髦優雅、流線型靈動女性特質的現代主義理念，那麼拉格斐則是為現如今的時代重新建構起來的一個帝王般的時髦標桿。他的個人風格中的關鍵元素在他於Chanel麾下工作期間始終如一：深色套裝，長髮梳向腦後扎起馬尾，偶爾會上粉塗成白色。再加上他不時喜歡拿在手裏不斷扇動的

黑色折扇，他的形象令人不禁想起古代的法蘭西君王。這些都彰顯了高級時裝的精英地位，以及Chanel風格的延續統一，而他不斷投身各種各樣的藝術及流行文化事業又維持了他走在時尚前沿的公眾形象。

　　Chanel於1971年辭世，品牌的金字招牌也隨之而去，其銷售業績與時尚公信力均開始衰減。在拉格斐的雙手操持下，Chanel品牌得以重振。自1983年加入品牌以後，他為品牌設計了高級時裝系列、成衣系列以及配飾產品，較好地平衡了對於品牌特色同一性的需求，以及同等重要的能夠反映並預見女性穿著想法的願望。拉格斐在自由職業階段為包括Chloé、Fendi等不同成衣品牌工作的豐富經驗，充分證明了他的設計實力以及能夠創造出足以掀起新潮流、同時修飾美化女性身形的服裝這一至關重要的能力。他通過融合經典與流行文化元素來維持Chanel的影響力，並重振其時尚地位。他的2008春夏高定系列充分體現了這一點，也顯示了他的商業頭腦。儘管他的年齡在不斷增加，品牌的忠實顧客腦中想起的又始終是他基於經典開襟毛呢外套的各種改良造型，但這一系列的色調是年輕的，灰暗的顏色會配上充滿少女感的荷葉邊和輕柔織物配飾進行中和。拉格斐因而著眼未來以保Chanel屹立不倒，並始終鼓動着新的年輕顧客穿上這一標桿品牌。

高級時裝設計師的演化

回顧過去的歷史，絕大多數服裝是家庭自製的，或者是從幾間鋪子買來織物或輔料後再由本地裁縫和製衣師製作。到了17世紀末，一些裁縫，尤其在倫敦薩爾維街一帶，開始以技藝最為純熟、款式最為時髦而聞名，人們會從其他國家趕來在Henry Poole等比較知名的幾家定做西裝。儘管某些裁縫公司確實在特定時期代表着時髦的風格，但男裝設計師在20世紀下半葉之前始終未能企及與其同業的女裝設計師的地位與名望。「裁縫」這個字眼意味着協同操作，不管是參與西服製作不同環節的各個工匠之間，還是與顧客就面料、風格及剪裁方案選擇所進行的深入討論。與此相反，到了18世紀晚期，女性時裝的開拓者則開始衍化出自己個性化的氣質。這反映了女裝中的創意與奇想有着更寬廣的空間，它還取決於貴族階層時尚引領者與她們的製衣人之間逐漸形成的不同關係。儘管哪怕最知名的裁縫師也要與他的顧客非常緊密地就服裝風格進行溝通，女裝製衣師卻開始強力推出自己的風格。

儘管時裝就參與其製作的人數而言一直保持着基本的協同工作流程，但它開始與個人的設計實力和時尚洞察力密切關聯起來。這一轉變的早期著名典型要數貝爾坦（Rose Bertin）了，在18世紀晚期她為路易十六

王后瑪麗‧安托瓦內特(Marie Antoinette)以及眾多的歐洲、俄國貴族創作服裝與配飾。她被稱為「款式商人」(*marchandes des modes*)，意為她給禮服加上不同的裝飾。不過，「款式商人」這一角色開始轉變，部分原因在於貝爾坦在打造時尚造型方面擁有強大的實力。她從當時的重大事件中汲取靈感，比如，她精心製作了一件融合了熱氣球元素的頭飾，以此向孟高爾費兄弟1780年代的熱氣球飛行致敬。她靠這些金點子為自己帶來知名度，雖然同期的埃洛弗(Eloffe)夫人與穆亞爾德(Mouillard)夫人這些「款式商人」名氣也很大，但當時巴黎時裝鼎盛之勢的最佳詮釋者始終是貝爾坦。

1776年，法國以新型公司體制替代了原來的行會制度，提升了「款式商人」的地位，允許她們製造服飾，而不再只是裝飾點綴。貝爾坦成了這一公司的首位「大師」，這大大增強了她在時裝領域的聲望。她為「大潘多拉」製衣，給這具人偶穿上最新款的時裝，然後送往歐洲各地市鎮和美洲殖民地進行展示。這是在定期出版的時裝雜誌出現之前進行時裝宣傳的一種主要方式。通過這種方式，貝爾坦助推了巴黎時裝的傳播，確定了它在女裝界的主導地位。她發展出的廣泛客戶群以及她跟法蘭西王後間的密切關係都確保了她在時裝界的地位。有一點值得注意，當時的評論家驚恐地發現，從貝爾坦的言行舉止來看，好像她

與她的貴族客戶地位相等一般。她的階層躍升也完成了一次重要的變革，為更多設計師掌握話語權提供了平台。她很清楚自己的影響力，也篤信自己作品的重要性，她在創造時尚，也在為自己的顧客打造時尚形象，後者將自己的時尚引領者地位托付給了貝爾坦。的確，她位於巴黎的精品店「大人物」(the Grand Mogul)大獲成功，然後又在倫敦開了分店。她革新的風格搭配以及對於歷史與時代熱點的絕妙借用充分顯示了她的設計實力，同時也說明她對於打造宣傳攻勢的重要性早已了然於胸。她因而成為高級時裝設計師的先驅，她們將在19世紀的時尚主導群體中獲得一席之地。

法國大革命短暫中斷了巴黎時裝的相關資訊往全球各地的傳播。不過，革命甫一結束，法國的奢侈品貿易便迅速重建起來，而各家製衣師都開始力證自己的服裝才最為時髦。勒羅伊(Louis Hyppolite Leroy)一手打造了約瑟芬皇后和其他拿破崙宮廷女性，以及一大批歐洲貴族的時裝風格。1830年代，維多琳等人開始聲名鵲起，其地位遠在那些默默無聞的製衣師階層之上。勒羅伊和維多琳，一如在她們之前的貝爾坦，都致力於創造新款設計，開創新的時裝風潮，並不斷鞏固自己的傑出地位，同時幫她們那些有頭有臉的老顧客維持顯赫聲名。但是，絕大多數製衣師，甚至是那些不乏貴族顧客的人，都沒能實現設計原創。實際

上，她們只對既有款式進行重新組合排列，以適應不同的顧客穿著。各種款式則從最知名的製衣字號那裏或者從時裝圖樣上抄襲而來。

　　不過，除了出現行業領先的女裝製衣師之外，時裝產業還有另外一面對時裝設計師這一概念的演變產生了影響。藝術史學家維蒂（Françoise Tetart Vittu）有過記述，一些藝術家的工作方式類似於今天的自由職業設計師，因為製衣師會向這些藝術家購買非常詳細的時裝圖樣。這些圖樣將會作為服飾的模板被使用，甚至可能被當作樣品直接送到顧客手中。各家製衣師的廣告也會附在這些插畫的背面，同時標出畫中服裝的價位。到了19世紀中葉，皮拉特（Charles Pilatte）等藝術家開始以「時裝與服飾設計師」宣傳自己，刊載在當時的巴黎黃頁中的「工業設計師」目錄中。

　　整個西方世界也開始形成這個觀念，認為服裝需要由時裝的權威人士來設計，運用特定的技法來明確廓形、剪裁以及裝飾。每個市鎮都可能有自己最時尚的製衣師，當時裝開始隨着大眾對新款式的渴望而越來越快地變化時，時裝設計本身的商業價值也在同步增加。時裝設計師這一概念的最終明確不單需要隨時可以推出新時裝的富有創造力的個人，還要依靠人們對新鮮感與革新不斷增長的需求。19世紀見證了中產階級和富有實業家的崛起，他們剛剛建立的地位在一定程度上是通過視覺展示來構建的，不管是他們的居

所，還是更為重要的他們身上的服飾。高級定製時裝開始成為更大的女性群體獲得專屬與奢華體驗的一種渠道，其中美國人在19世紀下半葉成為這個群體中最大的客戶群。

在這些變化之外，還有時尚媒體、攝影的發展，以及19世紀末出現的電影，它們使時尚形象得到了空前的廣泛傳播，且激發了女性對更為豐富多樣及更迭迅速的時裝款式的慾望。當城市的巨大發展帶來更多的個性泯滅，時裝成為能夠構建身份，並讓社會、文化及經濟地位一目瞭然的重要途徑。它同時也是愉悅與感官體驗的來源，而巴黎的高級定製時裝就是這一幻夢與奢靡王國的頂峰。

當「工業設計師」為規模較大的女裝製作行業提供着時裝設計的時候，高級時裝設計師的演化最終構建起時裝設計師的定位與形象。儘管1850年代最為著名的高級時裝設計師沃思(Charles F. Worth)的成功一方面是依靠他扎實的生意經營，但在其商業努力之外人們看到的更多是他在創新設計中的精彩表達，還有他作為創意藝術家的權威身份，人們選擇無條件地追隨他的時尚宣言。作為一個在百貨公司女裝製衣部打磨技藝出身的英國男人，他在自己的職業生涯之初得以出眾，一定程度上歸因於他是一個從事由女性主導的職業的男性。其實，在1863年2月的《全年》(*All the Year Round*)雜誌裏，查爾斯·狄更斯就表達過對「嘴

圖3　保羅‧普瓦雷精緻的帝政風高腰線禮服裙，喬治‧勒帕普1911年繪

上帶毛的女帽師」這一現象的厭惡。身為男人，沃思能夠以不適用於女性的方式來宣傳自己，他也能另闢蹊徑地接待他的女性顧客，不考慮她們的身份階層。他最知名的設計中加入了象牙色薄紗製作的泡泡紗，讓人穿起來猶如雲繞肩頭，各層之間的珠飾與亮片在燭火輝煌的宴會廳中折射出熠熠動人的光輝。

其他高級時裝設計師的名望也在不斷增強，通常還因他們的皇家客戶而日漸聲名顯著。在英國，雷德芬（John Redfern）針對這一時期女性的角色轉變，製作了以男士西裝為設計基礎的高級定製禮服，還為帆船運動製作了運動套裝。在法國，帕坎（Jeanne Paquin）等女性高級時裝設計師製作出能夠修飾女性身體的服裝，完美體現了理想中巴黎女人的形象。許多顧客來自美國，因為巴黎依舊引領着時尚。一方面為了提升設計師的地位，一方面為了提供一種具有辨識度的身份與個性以推介自己的品牌，各家時裝店明確了高級時裝設計師即是革新者與藝術家這一觀念。比頓（Cecil Beaton）形容英王愛德華時代的女性在努力不使自己的製衣師名字洩露。這些女性希望因為自己的時尚感而受到肯定，並始終保持自己的知名度高於其時裝師。不過，高級時裝店已經發展出它們獨有的招牌款式，這些服裝賦予了穿著它們的女性以鮮明的時尚地位。

20世紀的前幾十年裏，保羅·普瓦雷（Paul Poiret）和露西爾（Lucile）等設計師開始蜚聲國際。他們為戲

劇明星、貴族及富豪製作服裝，並且宣揚着他們自身作為頹廢的社會名流的身份。普瓦雷此時已經是現代意義上的時裝設計師。他以標誌性的奢華風格以及他創造的那些廓形逐季變化且造型誇張的款式而聞名於世。喬治‧勒帕普（Georges Lepape）筆下的時裝插畫生動展示了普瓦雷那條1911年的著名帝政風高腰線禮服的廓形，這件設計作品背棄了英王愛德華時期緊身束腰的時裝樣式。他那些布滿刺繡的晚禮服與歌劇院外套汲取了從現代主義到「俄羅斯芭蕾」[1]等各種當代藝術與設計靈感，那些強有力的高級時裝形象的格調又通過他自己的香水產品銷售傳播得更為深遠。普瓦雷同時代的從業者同樣熟稔於利用現代廣告與市場營銷手段來構造他們各自時裝店的形象。大多數人都將自己的設計銷售給美國批發商，由他們就買下的每一個款式裁製出數量嚴格限定的服裝。除了為單人定製的各款服裝的銷售所得，這類銷售也給時裝店帶來了收益，而前者才是高級時裝的本義所在。

　　兩次世界大戰之間是高級時裝的一次鼎盛期，這一時期的維奧內特（Madeleine Vionnet）、夏帕瑞麗（Elsa Schiaparelli）、Coco Chanel等人通過她們的創作定義了現代女性這一概念。她們的成就強調了這樣一個事實：長期以來，時裝一直都是為數不多的女性能夠以

1　「俄羅斯芭蕾」（Ballets Russes）是巴黎的一家芭蕾舞巡演公司，於1909年與1929年間在整個歐洲巡演。——編注

創新者與實幹家身份獲得成功的領域之一，她們領導着自己的業務，同時為無數女性提供自己高級時裝工作室的工作機會。確實，高級時裝是一項集體協作的事業，大牌時裝店由許許多多的工作室構成，每個工作室負責一款設計的不同內容，比如說裁片、立體剪裁或串珠與羽毛等各類裝飾。儘管每一件服裝都有很多人參與創作，設計師的想法始終是與作為獨立創意個體的藝術家的理念保持一致的。這在一定程度上是因為設計與革新是時裝中最受重視的兩個方面，畢竟它們是各個系列的基礎，又被視為整個過程中最具創新性的要素。特別是，這種對於個體的強調同時也成了一件有效的宣傳工具，因為它強調了一個時裝品牌的身份，而且真正為時裝店提供了一張「臉面」。

儘管不受巴黎高級時裝業中施行的那些嚴格條例的管理，其他國家也發展出了各自的高級時裝設計師與定製產業。例如1930年代的倫敦，哈特內爾(Norman Hartnell)和斯蒂貝爾(Victor Stiebel)就強調自己是時裝設計師而不僅僅是王室製衣師。在紐約，華倫蒂娜(Valentina)逐漸發展出一種極其簡潔的風格，通過吸收現代舞元素來創造一種美式時裝身份。而在1960年代的羅馬，華倫天奴(Valentino)倡導了一種與眾不同的意大利式高級時裝，崇尚極度女性化的奢華風格。

進入戰後時期，紡織品與勞動力成本上漲使得

高級時裝更加昂貴。Christian Dior等設計師在經歷了1940年代的艱難之後，開始重新沉迷於繁複鋪張，他們重視傳統的高級定製工藝，在之後的十年裏引領着高級時裝對全球時裝潮流始終如一的統治。從1960年代開始，儘管拋棄型的青少年時裝開始興起，成衣設計師的全球聲望也在增長，但高級時裝仍然停留在大眾的視野裏。其重要性雖然有所變化，但Dior的John Galliano、Lanvin的Alber Elbaz、Chanel的拉格斐等幾個特別的設計師依舊能夠創造出在整個市場所有層面廣泛傳播的時裝。儘管客戶數量在不斷下降，但成衣產品線、配飾、香水以及為數眾多的授權產品仍將高級時裝推到了巨大的全球奢侈品市場的頭排位置。雖然歐洲的高級時裝消費者變少了，但其他市場一直處在此起彼伏的興盛之中。石油財富讓1980年代的中東高級時裝銷量大幅增加，美元正值強勢且人人鍾愛顯擺的列根時代的美國也是這樣，而後共產主義時代俄羅斯創造的巨額財富則貢獻了21世紀之初更多的客源。再加上名流文化的顯著與紅毯禮服的興起，高級時裝設計師繼續製作着每一季的服裝系列。即使這些孤品式的設計本身並不能創造什麼利潤，但它們帶來的大量關注鞏固着處於高級時裝產業核心位置的設計師始終如一的重要性。

成衣設計師的演化

英國時裝記者艾莉森·賽特爾(Alison Settle)在她1937年的《服裝線》一書中寫道，巴黎高級時裝行業內部相互聯繫的性質是行業興盛的關鍵。面料、服裝以及配飾的設計師和製作商們相互間均密切聯繫，可以對各自領域內的發展做出及時反應。

流行趨勢因此得到迅速鑒定，然後收入高級時裝設計師的服裝系列之中，這使得巴黎始終保持着它在時裝業界的領先地位。令賽特爾印象深刻的還有時裝在法國文化中的深植，所有社會階層的人們都對穿衣打扮和時尚風格抱有興趣。就像賽特爾所寫，高級時裝設計師「通過觀察生活來預測時尚」，而這一方法在成衣設計師的演化過程中顯得尤為重要。高級時裝設計師發現許多女性希望購買的不僅是緊隨當下風格潮流的衣服，這些服飾還得是由時尚品牌設計生產的。

自1930年代初期起，設計師開始陸續推出一些價位略低的時裝系列，以觸達更多的受眾。呂西安·勒隆(Lucien Lelong)就是一個例子，他開始製作自己名為Lelong Édition的產品線，銷售的成衣價格只有他高級時裝系列定價的零頭。高級時裝設計師一直開發着成衣服飾，比如1950年代雅克·法特(Jacques Fath)就曾為美國製造商哈爾珀特(Joseph Halpert)設計過一個極為成功的產品系列。不過，當Pierre Cardin1959年在巴

黎春天百貨發佈他的成衣系列的時候，他卻遭到了巴黎高級時裝公會的短暫除名，這個協會的存在本身是為了規範高級時裝產業，而卡丹被除名的原因就是他沒有獲得其許可便這樣設立了自己的分支產品線。與此同時，卡丹也在積極探索遠東地區的潛在市場，謀求在全球範圍內實現商業成功。與他大膽、現代的設計風格聯繫起來觀察，他的這些舉動實際上都是法國時裝業重心轉移的一部分，高級時裝設計師竭力保持着他們的影響力以應對越來越多斬獲成功的成衣設計師。1966年，Yves Saint Laurent的「塞納左岸」（Rive Gauche）精品店開業，以長褲套裝與色彩靈動的分體款時裝來響應流行文化並認同女性社會角色的轉變。聖羅蘭證明了高級時裝設計師同樣可以通過其成衣系列引領時尚。在1994年羅斯索恩（Alison Rawsthorn）對一位名叫特雷恩（Susan Train）的顧客的採訪中，這位女士形容聖羅蘭新的時裝線「令人十分激動。你能買下整個衣櫥：任何你需要的東西都買得到」。然而，1960年代一般被視為大規模生產、年輕化的成衣開始以前所未有的姿態引領時尚的關鍵節點。美國的卡欣（Bonnie Cashin）等設計師，英國的瑪麗官（Mary Quant）等人，還有意大利包括Pucci在內的設計師當時都在市場的各個層次裏確立着自己的時尚影響力，塑造了時裝設計、銷售以及穿著的新範式。

　　雖然成衣服飾自17世紀開始就脫離巴黎高級時裝

獨立發展，但直到1920年代它們才開始真正因為自己的時尚價值而不是價位或質量被設計銷售。在巴黎城中，這意味着高級時裝設計師需要在未來的數十年裏與全球的百貨公司達成協議，讓他們銷售自家專屬版本的高級時裝，同時為其開發成衣產品線。而在美國，包括湯利製衣(Townley)在內的生產商以及薩克斯第五大道精品百貨等百貨公司迅速僱用設計師為自己匿名研發時裝產品線。

到了1930年代，這些設計師開始走出無名的幕後世界，將自己的名字納入品牌信息。在紐約城裏，精品百貨Lord&Taylor副總裁謝弗(Dorothy Shaver)，推行了一系列將店中美式成衣與定製時裝設計師兩者並列推廣的宣傳活動。櫥窗與店內陳設中加入了有名有姓的設計師的照片，並與其設計的時裝系列一同展示，鼓動一種曾經只有高級時裝設計師才能享受的個人崇拜。這也是人們努力培育本土成衣設計人才實踐的一部分，畢竟大蕭條帶來的困境使前往巴黎獲取時尚資源的洲際旅行顯得太不經濟。同時它也充分說明時裝設計師需要依靠抱團組隊來提升其自身時尚資質的行業認可度。巴黎繼續保持着它作為時尚中心的地位，但到了1940年代，法國的行業影響在戰爭裏中斷了，紐約開始確立起自己的時尚地位。再往後發展，全球的眾多城市循着同樣的發展過程，投資自己的時裝設計教育，舉辦各自的時裝週以推廣本土設計師

的時裝系列，併力圖銷往國內國際兩個市場。時裝設計師在這一過程中的角色至關重要，他們還提供着創造的推動力，外加頗具辨識度的面孔，後者可以作為推介宣傳的堅實基礎。1980年代，安特衛普與東京展示了各自培養出眾設計師的實力，一批設計師開始成名，其中就有比利時的Ann Demeulemeester和Dries Van Noten，以及日本籍的Comme des Garçons[2] 品牌設計師川久保玲和山本耀司。到了21世紀初期，中國和印度也像其他國家一樣，開始投資自己的時裝產業，並培養自己的季節性時裝秀。

設計師所接受的訓練方式直接影響着他們創作時裝系列的方法。例如，英國藝術院校強調研究和個人創意的重要性。這種對創造過程中藝術元素的重視造就了像Alexander McQueen這樣的設計師，他們從歷史、典雅藝術與電影中汲取靈感。麥昆的設計系列通過主題鮮明的場景呈現出來，模特有時在一個巨大的玻璃箱子裏扭動着身體，有時又要一邊隨着旋轉平台緩緩轉動一邊任由一隻機械噴嘴噴繪。他的模特被打造為人物角色，有些像通過服裝和佈景娓娓道來的敘事。麥昆那種電影式的展示方式在他2008年[3] 春季時裝系列中一覽無遺，這一季他以1968年的老電影《孤注一擲》（*They Shoot Horses Don't They?*）為靈感來源。

2　後文統一簡稱CDG。——編注
3　實為2004年。——譯注

這場秀營造出一種大蕭條時代馬拉松式舞會般的場景主題，請來了先鋒舞蹈家克拉克（Michael Clark）進行編舞。模特輕盈地穿過舞池，身著靈動的茶會禮服和舊工裝褲，她們的肌膚汗光閃閃，雙眼神色略散，似乎已在男舞者的半舉半曳之下跳了一個又一個小時。麥昆以一種空前震撼的場面來宣傳自己的時裝，這進一步鞏固了他同名品牌的成功，同時也充分證明了他那些無限創意的魅力。

　　與此相反，美國的院校則喜歡鼓勵設計師專注為特定的顧客人群創作服裝，並將商業考量以及製造的便捷性始終放在第一位。他們以工業設計為模型以強化一種民主設計的理念，目標指向最大數量的潛在消費者。從1930年代到1980年代，邦妮·卡欣等設計師的作品很好地例證了這種方法如何能夠產生標準化的時裝系列以針對性地滿足女性的穿衣需求。她的設計看上去線條流暢，同時顯示出對細節的密切關注，並搭配上有趣的紐扣或腰帶搭扣讓它們簡單的廓形活潑起來。1956年，卡欣曾告訴作家威廉姆斯（Beryl Williams），她堅信一個女人衣櫥的75%都是由「永恆經典」單品組成的，她還特別說明「我的全部服裝都是極其簡單的……它們就是我想穿在自己身上的那種衣服」。她為工作、社交還有休閒等各種場合設計生活方式服飾，同時把自己宣傳為她的方便穿著（easy-to-wear）風格的具體實例。這種類型的設計開始逐步塑造

美式時尚的個性特徵，不過它這種簡單的特質也可能使得一個品牌難以確立自己獨特的形象。從1970年代末到1990年代末，Calvin Klein運用極具爭議的廣告為他的服裝與香水系列進行宣傳。典型的形象就有1992年的「激情」（Obsession）香水廣告中裸露且雌雄莫辨的少年姬‧摩絲（Kate Moss），這些畫面營造出一種前衛、現代的品牌形象，這實際上與他在許多設計中的保守風格大相徑庭。

　　這些設計師一直堅持個人擔綱時尚原創者的理念，而與此同時，許多時裝店開始僱用完整的設計師團隊為其製作產品系列。正是出於這一原因，比利時設計師馬丁‧馬吉拉一直拒絕接受個人採訪，同時竭力避免出現在鏡頭裏。所有報道與媒體通稿中一概署名「馬丁‧馬吉拉時裝屋」（Maison Martin Margiela）。2001年，在時裝記者弗蘭克爾（Susannah Frankel）對馬吉拉時裝屋另類的時尚操作方式進行的一次傳真訪問中，啟用非專業模特這一做法被解釋為品牌全盤策略的一部分：「我們絕對不是要反對作為個體的職業模特或『超模』，我們只是覺得更希望將關注點聚焦在服裝上，而媒體和他們的報道並沒有把全部關注給予它們。」他的品牌標籤一般留白或者只是打上該款服裝所屬系列的代碼。這種做法轉移了人們對於個體設計師的關注，同時暗示了要完成一個時裝系列必須要靠眾人通力合作，同時這種做法也使他的作品與眾不

同。對於另一些設計師來說，他們的重心更多地放在名流顧客群上，這些人給他們的時裝系列罩上了一層靚麗迷人的光環。21世紀初，美國設計師珀森（Zac Posen）就受益於包括波特曼（Natalie Portman）在內的年輕一代好萊塢明星們，她們身穿他的禮服走上紅毯。在這類活動中，明星們獲得的媒體報道足以帶動新晉設計師的作品銷售，同時創建他們的時裝招牌，就像茱莉安摩爾（Julianne Moore）穿上YSL旗下皮拉蒂（Stefano Pilati）的設計後成功地將他推上了贏家的位子。

男裝設計師也開始在20世紀不斷崛起至行業前沿，儘管他們一直沒能引發與女裝設計師相同水平的關注度。男裝設計一般集中在西服套裝或休閒服飾上，且人們普遍認為男裝缺乏女裝可以被賦予的那種宏大壯觀而又激動人心的東西。不過，男裝設計師的代表人物還是從1960年代開始逐步出現了，比如倫敦的Mr Fish與意大利的Nino Cerruti。兩者都充分發掘了那個年代明艷的設計風格，在他們的時裝設計中運用了生動的色彩、圖案和中性化的元素。在1966年開出自己的精品店之前，邁克爾·費什（Michael Fish）在薩維爾街精英式的工作環境中發展出了他自己的風格。與此同時，Cerruti則自他家族的紡織品生意中培養出了自己線條明快的設計風格，最終在1967年推出了他個人的第一個完整男裝系列。巴黎高級時裝設計師同樣開拓出男裝設計，包括1974年的Yves Saint

圖4　艾迪·斯里曼2005年春季系列中極具影響力的緊身廓形

Laurent男裝。1980年代，設計師繼續探索着男裝設計的各種規範，將精力集中到對傳統西服的改良上。Giorgio Armani剔除了傳統男裝硬挺的內襯，創造出柔軟無支撐的羊毛和亞麻西裝外套，而西太后Vivienne Westwood則挑戰了時裝性別邊界的極限，給西裝外套綴上亮珠與刺繡，或者讓男模們穿上短裙和褲襪。

從1990年代開始，Dries Van Noten時裝系列中豐富的色彩與質感，還有Prada設計中革新性的紡織面料，都充分展示了男裝設計能夠以微妙的細節引人注目。男士美容與健身文化的發展也給這一領域帶來新的關注。21世紀之初，西蒙斯(Raf Simons)等一批設計師，尤其是在2000年到2007年之間為Dior Homme工作的斯里曼(Hedi Slimans)，為男性開發出一種纖瘦的廓形，影響極為深遠。斯里曼極窄的褲型、單一的色調、極為修身的西裝外套意味着它們必須穿在透露出中性氣質與特立獨行態度的年輕身體上。各界名流、搖滾明星還有高街品牌店鋪，迅速地接受了這一造型，充分展示了自信的男裝設計也可以擁有強大的力量與影響力。

亞文化風格一直是1960年代以來男裝系列中最為重要的一類借鑒元素。從六十年代「摩登族」(Mods)穿著的緊身西裝到八十年代休閒派身上色彩柔和的休閒裝，街頭風格平衡了個性與群體身份。它因而吸引許多男性開始尋求既能起到統一著裝作用，又能讓他們自己加以個性化改良的服裝。各種亞文化群體的成

圖5　日本的街頭時尚融會借鑒了東方及西方、復古與新潮的豐富元素

員通過他們的穿著風格以多樣的方式塑造着自己，有的靠定製專屬服裝來完成，有的則靠打破那些規定應當如何穿著搭配的主流規則來實現。到了1970年代晚期，這種自己動手的風氣在朋克族（Punks）身上體現得最為明顯，他們在衣服上添加標語，別上別針，撕開衣料，創造出自己對經典的機車皮夾克和T恤衫的演繹。1990年代中期開始，日本的少男少女也開始製作自己的服裝，給它們加上和服腰帶等傳統服裝元素，創造出多變的服裝風格，而這些服裝又都符合他們對誇張與夢幻的熱愛。通過借鑒這些做法，時裝設計師得以為自己的設計系列注入一種看起來叛逆感十足的前衛感。

的確，從1990年代開始，時裝消費者就越來越追求通過定製服裝與混搭設計師單品、高街款式與古著衣飾來實現自己造型的個性化。這讓他們當起了自己的設計師，哪怕沒有那麼多件可改的衣服，也要把整體造型和形象打造成自己想要表現的樣子。1980年代的「時尚受害者」這一概念，即從頭到腳全穿同一設計師的作品的人，促使許多人採取行動，力求通過在自己身上進行改良與造型搭配來表現他們的獨立創意，而不是依賴設計師為他們構建起某種形象。這種做法效仿了亞文化風格以及專業造型師的工作模式。它反映出某些消費者群體中不斷成熟的自我認知，還有他們心中既想成為時尚潮流的一分子又不甘任其擺

佈的願望。20世紀無疑見證了大牌設計師逐漸成長為時尚潮流的引領力量，但他們也不斷地迎來新的挑戰。1980年代或許是設計師個人崇拜的頂峰，即使許多品牌如今依舊備受崇敬，它們現在卻必須與數量空前的全球對手同台競技，同時還要對抗眾多消費者想要設計個人風格而不是一味遵從時尚潮流的強烈願望。

第二章
藝術

　　安迪・華荷1981年的作品《鑽石粉鞋》（*Diamond Dust Shoes*）呈現了在漆黑背景下雜亂擺放的色彩明亮而鮮艷的女士淺口便鞋的畫面。作品以照片絲網印刷為基礎，鞋子從頂角拍攝，觀者猶如正在俯視衣櫥隔板上零散的一堆鞋子。一隻炫目的橘色細高跟鞋聳立在一隻端莊的番茄紅色圓頭鞋旁邊，而另一隻深藍色緞面晚裝鞋旁邊是一隻橙紅色帶蝴蝶結的船形高跟鞋。所有的色彩都是逐層疊加在畫面之上的，製造出一種將眾多風格與造型的鞋子拼湊在一起的卡通效果。

　　照片的剪裁給人營造出一種這堆鞋子難以計數的印象，例如一隻淡紫色靴子只露出一點鞋尖可見，從畫框邊緣伸進了畫面。這一圖像經過了藝術家精心的組織；即使看上去雜亂，但每一隻鞋都是巧妙陳設的，並露出數量剛好的鞋內商標可見，以此強化它們的高端時尚地位。畫作令人想起時尚大片與鞋履店鋪，並以此指涉了對時尚來說基本的視覺與真實消費行為的統一。華荷的畫作在丙烯顏料的光澤下顯得平整光潔，這種光澤感在整幅畫面上撒開的「鑽石粉」

的作用下得到了加強，這些「鑽石粉」折射光線時讓觀者眼前一片熠熠生輝，炫目迷人。作品閃閃發光的表面明確地展現了時尚光鮮亮麗的外表以及它能夠改變日常生活的能力。

1950年代末，華荷以商業廣告藝術家的身份工作，他的客戶就包括I. Miller製鞋。他為其繪製了眾多妖嬈、明快的鞋履作品，盡顯魅惑之態。他自身與商業的聯姻還有對流行文化的熱愛意味着時尚對他來說是一個理想的主題。時尚在華荷的絲網印刷畫和其他各種作品中佔據着重要地位，而他也不斷運用著裝與配飾，包括他那著名的銀色假髮來改變自己的身份。1960年代，他還開了一家精品店，起名「隨身用品」（Paraphernalia），混搭銷售一眾時裝品牌，比如約翰遜（Betsey Johnson），還有福阿萊與圖芬（Foale and Tuffin）。「隨身用品」精品店的開幕儀式上還請來「地下絲絨」樂隊演出，因而將華荷在不同方向上的開創性藝術創作綜合在了一起。他深刻理解到在這十年裏，時尚、藝術、音樂與流行文化之間已經結盟。將先鋒流行音樂與基於色彩明艷的金屬、塑料以及撞色印花的拋棄型和實驗性服裝進行融合，不僅表達出這一時代的創造激情，還幫助確立了時尚標準。對於華荷來說，藝術或設計形式不分高低。時尚從不因其商業上的緊迫性或者說它的短暫易逝而受人唾棄。相反，這些固有特性在他的作品中被大肆宣揚，作為他

圖6　安迪‧華荷1981年的《鑽石粉鞋》展現了充滿魅力與誘惑的鞋履設計

對當代快節奏生活的着迷的一部分。於是，《鑽石粉鞋》令人炫目的表面讚美了時尚對於外在美好與華麗的關注，而他的精品店則吸引人們關注處於時裝業最核心的商業行為與消費主義驅動力，很多當代藝術市場的核心也確實是如此。在華荷的藝術作品裏，時尚固有的短暫易逝而又物質至上的缺陷，變成了對孕育時尚之文化的評述。對華荷來説，大眾文化與高端奢侈品的各種元素可以和諧共存，正如它們在各類時尚雜誌或各種好萊塢電影中共存一樣。在他的作品裏，複製品與孤品擁有相同的地位，他也能非常輕鬆地在不同的媒介間轉換，對電影和絲網印刷或平面設計的各種可能性懷有同樣的熱情。華荷既不認為這些限制了他的創作，也不覺得應將商業剝離藝術以保持它的合理性，而是擁抱了各種矛盾體。在他1977年的《安迪·華荷的哲學：波普啟示錄》*The Philosophy of Andy Warhol* (*From A to B and Back Again*)一書中，他寫到推動着他的藝術前進的種種交融難釐的界限：商業藝術(business art)其實是緊隨藝術之後的一步。

> 我開始是一個商業廣告藝術家而現在我想最終成為一個商業藝術家。當我從事過「藝術」——或無所謂叫什麼——的那件事後，我就跨入了商業藝術。我想成為一個藝術商人，或是一名商業藝術家。商業上的成功是最令人着迷的一門藝術。

自19世紀中葉起，時尚就加快了步伐，觸及更多的受眾，擁抱工業化的生產過程，並運用多種引人注目的手段完成商品銷售。藝術經歷了同樣的變革進程：藝術市場不斷成長，開始擁抱中產階級，機械化複製改變了藝術只能專屬於某個藏家的觀念，藝術機構及私人畫廊重新思考了藝術品陳列與銷售的方式。時尚和藝術的主題之間同樣存在着相互交叉，從身份與道德兩大議題，到對藝術家或設計師在廣泛文化下被感知方式的關心，再到對身體的表現與運用的關注。

有時時尚也會被呈現為藝術，但這也引出一連串問題。一些設計師在自己的作品中化用了藝術創作方式，但他們仍身處時裝產業框架之內，同時運用這些借鑒來的方法探索時裝的本質。例如，職業生涯早期的Viktor and Rolf就立志專注舉辦時裝秀，而不願意製作可供銷售的衣服，他們的設計於是都成了孤品或少量製作的款式，它們的存在只是為了佐證那場時裝秀在時裝體系中的重要性，而非成為實穿的服裝。儘管如此，他們的作品依然佔據着時裝界的一席之地，接受着時裝記者的熱烈評議。這似乎是在為他們後面推出的幾個時裝系列展開宣傳活動，這些後續的設計系列被投入生產。他們的作品同樣強調了不同類型設計師之間的差異。Viktor and Rolf對時裝的詮釋融入了他們對時裝秀角色的迷戀，以及它檢驗景觀與展示邊界的潛力。在自己這些時裝系列的秀場呈現中，他們

遊走於藝術、戲劇以及電影之間。2000年秋冬系列發佈時，兩位設計師慢慢地給一位模特套上一層又一層的衣服，最終為她穿上了整個系列的服裝。這其實呈現了在真人身體上完成試衣的過程，它是傳統時裝設計最核心的部分。最後包裹着女模特的那些尺寸誇張的時裝成品看上去幾乎將她變成了一個僵硬的人偶、一個活着的人體模型，以及設計師手中的玩物。在2002/2003年的時裝秀上，所有服裝都是明艷的鈷藍色，在秀中充作電視電影特效拍攝中使用的藍幕。他們將電影投影在模特的身體上，模特的身形盡失，在電影畫面投射於身體表面時他們的身體似乎也在明滅閃爍。

在Viktor and Rolf的設計與秀場展示中，藝術化方式的運用為時裝實踐增色良多，但這未必能把他們的時裝轉變為藝術。他們的作品在國際時裝週的大環境中展示，指向的是時尚群體，強調的是服飾與身體交流的方式。哪怕在還未將自己的服飾投入批量生產的階段，他們也是遵循着時裝季設計發佈，還有尤為重要的一點，他們一直忠於時裝的基礎元素：面料與身體。

有時人們將時裝與藝術相提並論，以賦予它更高的可信度、深度以及意圖。不過，比起對時裝真實意義的揭示，這種做法也許更多地暴露了西方世界對於時裝缺乏這些特質的擔憂。當一條1950年代的Balenciaga連衣裙陳列在畫廊的古舊玻璃展櫃中，它也

許看起來會像一件藝術品。不過，為了展現它的價值或創造它時所運用的技藝，它並不需要被稱為一件藝術品。如同建築等其他設計形式，時裝也有着自己獨特的追求，如此便避免自己成為純粹的藝術、技巧工藝或是工業設計。它實際上更像是一種吸納了所有這些方式的各種元素的三維設計。巴倫西亞加先生嚴苛要求精確的形態，為面料的褶襇與結構帶來平衡感與戲劇化效果，再輔以工坊裏工人的精湛手工，讓這一襲裙子變成了一件卓越的時裝。它並不需要被冠以藝術之名來佐證其地位，藝術這一字眼忽略了在渴望創造並挑戰時裝設計界限之外，巴倫西亞加製作裙子的原因：希望裝扮女性，並最終賣出更多設計。我們不應認為這一層訴求削弱了他所取得的成就，反倒應該看到，它幫助我們進一步理解了巴倫西亞加的創作方式，他全力開拓種種「邊界」，以創造能夠給予穿衣人與觀衣人同等啟迪的時裝。

理解時裝應當以它自己的語境為基礎，這使得時裝與藝術、文化其他方面的相互交織更加妙趣橫生。它為藝術、設計以及商業在一些時裝實踐者的作品中發生聯繫、交織重疊開闢了新的路徑。的確，時裝能夠如此令人着迷而又令某些人感覺難以捉摸的一個重要原因就是，時裝總是能侵吞、重組並挑戰種種既有定義的邊界。因此，時裝能夠突出關於一種文化中何為可貴事物的矛盾。安迪·華荷和Viktor and Rolf等各

種各樣的設計師與藝術家都在利用文化矛盾和態度創作作品。對時裝來說，關注身體與面料，以及它常常以穿著與銷售為設計目的這一事實，將其與純藝術區別開來。不過，這並不妨礙時裝擁有自己的意義，而藝術世界對時裝一如既往的迷戀正突顯了它在文化上的重要性。

肖像畫與身份塑造

時裝與藝術之間最顯而易見的聯繫大概就是服裝在肖像畫中扮演的角色。16世紀，宗教改革在北歐的影響致使宗教繪畫的委託需求下降，藝術家因而轉向新的繪畫主題。從文藝復興開始，人文主義對個體的關注讓眾多的貴族成員開始希望由藝術家為自己繪製肖像。肖像畫的成長建立起藝術家與畫主、時裝與身份表達之間的關聯。霍爾拜因 (Holbein) 筆下的北歐皇室與貴族成員肖像畫探索了油畫所能夠傳達的視覺效果，表現出綢緞、絲絨以及羊毛等不同面料之間的質感差異。霍爾拜因精細的繪畫水平直接體現在他為肖像畫準備的詳盡底稿上。珠寶首飾的精巧細節在他的素描裏被悉數摹畫，構成女士頭飾的精緻的層層平紋棉布、亞麻布以及硬質襯底在他的畫筆下與主人公的臉龐和表情一樣細膩。霍爾拜因深深明白時髦的衣飾對於表現他這些主顧們的富有與權勢以及性別與地

位發揮着重要的作用。這些屬性在他的畫作中被清晰地呈現出來，不僅成為過去服飾風格的紀念，又令人想起時裝在構建一種能讓同時代人輕鬆領會的身份時曾經扮演的角色。他所繪的亨利八世系列肖像展現了當時追求的視覺上的宏大，利用層層墊高的絲綢與錦緞來增加身形大小與威嚴之感。黃金與珠寶的鑲邊與配飾進一步增強了這種效果，外層的面料適度裁剪收短，目的就是要露出裏面更加華貴的服飾。他繪製的女性肖像同樣細節豐滿。甚至在他1538年為丹麥的克里斯蒂娜繪製的風格沉鬱的肖像畫中，主人公所穿喪服面料的華美依舊一覽無遺。光線灑落在裙面上深深的褶皺和寬鬆堆疊的兩肩上，強化了她這身黑色緞面長裙所散發的柔和光澤。與之鮮明對比的，是由領口直貫下擺的兩道棕紅中略泛茶色的皮草，還有她手握的一雙軟質淺色皮手套。與這一時期歐洲各地的其他藝術家一樣，霍爾拜因的畫面構圖將焦點集中在主人公的面部，同時又極為重視對他們華麗服飾的展示。

　　從意大利的提香到英國的希利亞德(Hilliard)，面料與珠寶的華美在各個藝術家的作品中呈現。甚至當服裝素淨又未施裝飾時，如在丹麥的克里斯蒂娜肖像中，材質的奢華在主人公身份地位的構建中也扮演了重要角色。這種展示的重要性對於當時的人們來說是非常容易理解的。那時的紡織品非常昂貴，因而備受珍視。有能力購置穿著大量的金線織物與絲絨面料充

分顯示出主人公的財富。層層外衣之下不經意露出的雪白的男士襯衣和女士罩衫，進一步強化了主人公的地位。清潔在當時也是身份地位的一種標記，不管是及時清洗亞麻布料保持其潔白，還是漿洗輪狀皺領並且恰當地壓出複雜形狀，都需要大量的僕人。

藝術不僅僅為彰顯皇室與貴族身份服務，它還表現着個性、審美，還有主人公與時裝之間的關係。當霍爾拜因等藝術家奮力精確描摹當時的時裝，並將之視為自己作品總體的現實主義手法的組成部分時，另一些藝術家則運用了更加華麗的創作手法。17世紀期間，范戴克（Van Dyck）等人筆下的主人公，常常身著各色垂褶的面料，它們以各種超乎自然的方式縈繞着他們的身軀。藝術家用神話般的服飾塑造人物的身體，有意地讓人聯想起希臘眾女神。女人圍裹着柔光綢緞，看上去如同飄飛在身體四周，浮動於肌膚表面之上。畫中男人們身穿的服飾，一部分源於現實，一部分則是幻想虛構。雖然范戴克也畫時髦的裙子，但他常常用自己一貫的審美對其進行改造，喜好反光的表面與連綿的大色塊。這樣一來，藝術便影響了時裝，它不只記錄了人們穿什麼、怎麼穿，更記錄了人們理想中的美麗、奢華與品味。

當時裝在18世紀開始逐季更迭，藝術與時裝的關係變得更加複雜起來，有的藝術家開始擔憂這種變化將會影響他們作品的重要性。一些肖像畫師，例如雷

諾茲(Joshua Reynolds)，追求作品經久不衰，希望創造出能超越自身時代的畫作。時裝似乎妨礙了他們實現抱負，因為它的存在能把一幅畫拉回到其創作的時代。由於流行風格年復一年地改變，就算不是逐季變換，肖像畫所屬的年代完全可以精確判定。對范戴克和他畫中的主人公而言，仿古典風格的服裝一定程度上只是對夢幻華服的一種有趣嘗試，對雷諾茲而言，它則是一種嚴肅的手法，試圖實現與時裝的割裂，並提出一種能確保肖像畫對後世意義重大的另闢蹊徑的方法。他因此竭力從自己的藝術中抹去時裝的痕跡，讓筆下的主人公裹上假想出的衣料，將人物形象與古代雕塑上可見的那種古典垂褶服飾融為一體。時裝擁有一種強大的力量，它能夠塑造人們對身體與美的認知，這被認為破壞了雷諾茲的意圖。儘管他畫出的裙子通常款式樸素，但18世紀最後25年裏的時裝大多如此，比如他所鍾愛的拖地而修身的廓形。主人公對時髦形象的渴望同樣阻礙了他崇尚古典的審美。女性畫主堅持戴上高聳並撲上白粉的假髮，還經常點綴上羽毛裝飾。她們的面龐同樣搽成白色，雙頰則施以時髦的粉紅色脂粉。

主人公想讓自己看起來時髦的訴求，再加上藝術家難以掙脫自己所處時代的主流視覺理念，這意味着想要繪製出一幅完全脫離自身時代背景的肖像畫幾乎是不可能的。安妮・霍蘭德(Anne Hollander)在她的

《看透服飾》（*Seeing through Clothes*）一書中提出：

> 在現代文明的西方生活中，人們的著裝形象在藝術中要比在現實生活中看起來更具說服力也更容易理解。正因為如此，服裝引人注目的方式得到了當前著裝人物畫所做的視覺假定的調解。

霍蘭德認為，通過藝術呈現能夠「認識」到的不僅僅是身著服裝的身體。她還認為藝術家眼中的景象其實是同時代時裝風尚培養起來的，甚至在描繪裸體時，身體的形態與展示方式都受到了流行時尚理念的調和。15世紀克拉納赫筆下裸體上發育不足又位置靠上的雙乳、位置較低的腹部，1630年代魯本斯的《美惠三女神》（*Three Graces*）全身像，還有19世紀之初戈雅繪製的或著衣或赤裸的《瑪哈》（*Maja*），都證明了流行的廓形對人體形態描摹方式的深刻影響。在每個例子裏，穿上服裝之後的人體形態被塑身衣、襯墊以及罩袍重塑，又強加在畫中的裸體人物體態上。所以，肖像畫與時裝的關係是根深蒂固的，也充分說明了視覺文化在任一時代都有着相互關聯的本質。

這種相互的聯繫在19世紀變得更加顯著，塞尚、德加還有莫奈等藝術家開始把時裝圖樣作為他們筆下女性形象和她們所穿服飾的範本。由於許多人都是通過圖像來瞭解時裝的，不管是油畫、素描、時裝圖

樣，還是後來的照片，觀看者與藝術家一樣，一直以這些圖像為依據，被引導着理解他們在自己周遭所見的那些著裝後的身體。實際上，艾琳‧里貝羅進一步延伸這一觀點，認為定製或購買藝術品這種行為中包含的物質主義一定程度上也是一種消費文化，後者見證了19世紀後半葉時裝產業的成長，以及頂級肖像畫家與諸如沃思(C. F. Worth)這樣的高級時裝設計師價位相當的昂貴收費。里貝羅在她的《華服》(*Dress* 1878)一書中引用了奧利芬特(Margaret Oliphant)的話以佐證它們這種緊密的聯繫：「現在出現了一個全新的階層，她們的穿衣打扮緊隨畫像上的形象，當她們想買一件禮服時會問『這件能上畫嗎？』。」

時裝與其圖像呈現之間的模糊邊界最引人注目的例子，大概要數皮埃爾-路易‧皮爾森(Perre-Louis Pierson)自1856年到1895年間為卡斯蒂廖內伯爵夫人維拉西斯(Virginia Verasis)拍攝的400餘張照片組成的集子。她積極參與了自己的穿衣、造型以及姿勢設計。她自己也因此充當着藝術家的角色，把控着自己在時裝中的展示以及照片中的形象表達。她精心裝點的19世紀中葉的各式裙子如同時裝照片一般發揮作用，同時跨越時裝圖像的範疇建構起自己與衣服獨特的關聯。卡斯蒂廖內很清楚自己是在每張照片裏進行表演，她將自己置於一個恰如其份的環境裏，不管是在攝影棚裏還是在陽台上。她充分示範了「自我造型」

的魅力，運用服飾來定義或架構起人們對她的認知，以及她身體所展現出的形態。對她而言，時裝與藝術之間的相互關聯是一件強大的工具，讓她得以嘗試豐富多樣的身份，就像阿普拉克西納（Pierre Apraxine）與德馬爾涅（Xavier Demarge）認為的：

> 卡斯蒂廖內對身體的運用 —— 她的藝術創作的直接來源 —— 以及她對自己公眾形象的精心籌劃組織［預示了］……諸如身體藝術與行為藝術等當代事物。

時裝在視覺文化中扮演着意義非凡的角色，真實的服裝與它們在藝術和雜誌中的再現之間又存在着無法割裂的聯繫，這意味着藝術家常常對時裝所具力量的態度搖擺不定。溫特哈爾特（Winterhalter）和薩金特（J.S. Sargent）等肖像畫家利用主人公的時髦服飾塑造畫面構圖，同時也表明畫主的地位與個性，而另一類藝術家，其中以前拉斐爾派最為知名，則全力抵抗着時裝對美、風格以及審美典範無孔不入的制約。到了1870年代，掀起了一場唯美服裝運動，它力求為時裝對身體的限定，尤其是塑身衣對女性身體的禁錮提供另一種選擇。無論男女，都轉而選擇了已成為歷史的版型寬鬆的時裝風格。但是，唯美服裝本身也成了一種時裝潮流，雖然它明確了一個觀點，即藝術家與純藝術愛好者應當穿得不一樣些，應當拒絕時裝流行風格。

圖7 19世紀中葉，卡斯蒂廖內伯爵夫人在大量攝影作品中創造出自己獨特的個人形象

儘管他們可能會拒絕同時代的時裝潮流，但他們對自己穿著打扮那種刻意的淡漠，反而含蓄地認可了時裝能夠塑造自己形象的功能以及服裝塑造身份的力量。

跨界與再現

20世紀，藝術與時尚之間發生了大量的相互借鑒與跨界合作。高級時裝不斷演進的審美力將精湛的手工技藝與個別設計師的願景和壓力結合起來，打造了牢固的商業運作模式，以保障品牌的持久繁榮。高級時裝設計師努力地構建起自己的時裝店在當代美理念下的個性特質，這必然會使他們將現代藝術視為一種視覺的啟迪與靈感來源。在保羅・普瓦雷的實踐中，這意味着一種對異域風情理念的探索，他像畫家馬蒂斯那樣前往摩洛哥遊歷，尋找着與西方世界全然不同的對色彩與形式的運用。普瓦雷夢幻般的濃郁色彩塊、垂褶的伊斯蘭女眷式褲裝，還有寬鬆的束腰外套共同搭建起一種女性氣質的典範，而這種典範自19世紀晚期開始就越來越清晰地出現在大眾流行與精英文化裏。普瓦雷和妻子丹尼斯穿著東方風格的長袍、斜倚在沙發上的樣子被攝影師記錄了下來，照片背景就是他們所辦的那次臭名昭著的「一千零一夜」派對。聯繫普瓦雷的設計一併審視，這些圖像使他的高級時裝店成為奢靡與頹廢的代名詞。重要的是，它們還將

普瓦雷放在不妥協的摩登者的地位，儘管他的許多服裝設計基礎仍舊是古典元素。普瓦雷很清楚他需要利用獨具創意的藝術家概念以培養一種個人形象，同時又製作出暢銷國外尤其是美國市場的服裝。與其他高級時裝設計師一樣，他的作品必須平衡好個人客戶對定製服裝的需求——這與純藝術的獨創性更為相似——以及創作適當款式銷售給各國製造商進行複製的商業需要這兩者之間的關係。雖然普瓦雷努力維繫着一種藝術家的形象，也充分利用了「俄羅斯芭蕾」的影響力，但他還是踏上了前往捷克斯洛伐克和美國的宣傳之旅，目的是要在更廣泛的受眾中提升自己作品的知名度。

南希·特洛伊(Nancy Troy)也寫到了20世紀前幾十年裏純藝術創作與高級時裝之間的微妙關係。她發現，每一領域的變化都是對大眾與精英文化之間越來越模糊的邊界的反應，因而也是對「真正」原創與複製行為之間的差別做出的反饋。她認為，設計師和藝術家試圖「探究、掌控、引導(儘管未必一定能避開)商業與商品文化所謂的腐化影響」。

高級時裝設計師有各種各樣的方式來恰當處理這些問題，並將當代藝術的影響力吸納到他們的時裝設計之中。在明艷撞色風格以及注重戲劇化個人呈現的影響下，普瓦雷的作品不斷湧現。於是他與藝術家進行直接的跨界合作也就不足為奇了，代表性的合作

項目就有馬蒂斯(Matisse)和杜飛(Dufy)的織物圖案設計。首屈一指的先鋒藝術家與時裝行業裏的大牌設計師之間這樣的聯繫看起來既理所應當又能互利共贏。任意一方都能夠嘗試、探究新方式去思考並呈現自己心中的理念。通過與另一種形態的前衛當代文化進行交融,以將視覺與物質相結合,各方都有可能從中受益。艾爾莎·夏帕瑞麗推出了更廣泛的跨界合作,由她與達利(Salvador Dali)和尚·考克多(Jean Cocteau)共同完成的設計最廣為人知。這些聯袂合作創造出的服飾賦予超現實主義信條以生命,其中就包括達利的「龍蝦裙」。跨界合作把超現實主義藝術運動所熱衷的並列手法,以及它與女性特質認知之間的複雜關係帶進了有形的世界,穿着夏帕瑞麗設計的人們把自己的身體變成了關於藝術、文化以及性別的主張。

對維奧內(Madeleine Vionnet)而言,她對當代藝術理念的興趣體現在她對三維立體剪裁服裝技術的探索中,給她靈感的正是意大利未來主義碎片化的表達風格。她與塔亞特(Ernesto Thayaht)合作的設計充分展示了藝術家的空間實驗與設計師對身體和面料關係的思考所達成的一種動態結合。她的設計由藝術家來做時裝圖樣,充分體現了這種動態的聯繫,也讓她的設計成為未來主義的女性特質典範。模特的身體還有身穿的服裝都被細細分割,不僅展現了它們的三個維度,又展示了它們的運動線條及其內在的現代性。

如果說普瓦雷與藝術的聯袂借助了他在設計表達中對奢華與自由的渴望，那麼對維奧內來說這成為她探尋處理與表現人體新方法的一部分。儘管這兩位設計師的作品都複雜精細，它們還是被投入到大量的複製生產中。他們心中對生產商們大肆濫用自己作品的憂慮暴露出現代時裝（當然，也包括藝術）固有的矛盾。正如特洛伊所指出的那樣，面臨風險的不只是藝術完整性的典範，複製行為也可能會破壞他們的生意，損害他們的利益。

鑒於藝術與時裝逐漸深入商業世界，藝術家和設計師不可避免地會把大批量生產的成衣視作跨界合作的新板塊。這類合作項目使這兩個領域之間的衝突以及它們與工業和經濟之間的關係突顯出來。它可能表現在認為藝術具有改變大眾生活的強大力量的政治信條上，正如在俄國構成主義派設計師史蒂潘諾娃（Vavara Stepanova）1920年代的作品中表現的那樣。當與她同時代的設計師幾乎都因時裝的短暫性而避開它時，她卻由衷地感覺到，雖然時裝與資本主義和商業確實存在問題重重的關聯，但它必然會變得更加合理，這與她對蘇聯時代「日常生活」的評價是一致的。她因而與她的構成主義派同儕分道揚鑣，開始明確提出：

認為時裝將會被淘汰或者認為它是一種可有可無的
經濟附屬品其實大錯特錯。時裝以一種人們完全可
以理解的方式，呈現出主導某個特定時期的一套複
雜的線條與形式 —— 這就是整個時代的外部屬性。

時裝能夠更為直接地聯結更廣泛的群體，這種能力讓
它一直都是那些想讓自己的作品進入大眾領域的藝術
家理想的工具。這大概遵循了普瓦雷在20世紀之初確
立起來的先例，比如1950年代畢加索為美國一系列紡
織品設計的那些妙趣橫生的印花圖案就體現了這一
點，這些圖案設計最終為許多時裝設計師所採用，其
中就有麥卡德（Claire McCardell）。到了1980年代初，
西太后Vivienne Westwood與塗鴉藝術家哈林（Keith
Haring）的合作設計在精神上更加接近夏帕瑞麗跟藝術
家的聯名合作系列。不管在哪個例子中，他們的協同
創作都體現着一種相投的興趣與意圖，以西太后與哈
林為例，他們都喜歡街頭文化，還喜歡挑戰人們對身
體的既有觀念，這些都表達為裝飾着藝術家畫作的各
式服裝。

　　許多時裝與藝術聯名合作中最為核心的商業考量
與消費理念，在20世紀末到21世紀初開始變得更加顯
而易見。川久保玲採用的嚴謹知識分子式設計方法當
然毋庸置疑，但令人眼前一亮的還有她成功地調和了
藝術追求、時尚還有消費三者之間潛在的令人擔憂的

關係。沃倫(Peter Wollen)將日本設計師處理這種關係的方式與維也納工坊的藝術家進行類比，後者始終致力於把服裝作為「大環境」的其中一部分來設計。這一環境涵蓋了或許最為重要的零售空間，對CDG來說，它已經演變成了川久保玲設計美學的朝聖所，並成為從未中斷的跨界聯名合作點。一流的建築師們，比如倫敦設計團隊「未來系統」(Future Systems)，為她在紐約、東京和巴黎設計了多家精品店。她的室內陳設模仿了標誌性的現代主義藝術作品，比如她的華沙游擊店中看似隨意的設計佈置，其實借鑒了包豪斯派設計師赫伯特・拜耶(Herbert Bayer)在1930年的法國室內設計師協會年展德國章節中呈現的開創性作品，即固定在牆面上的一模一樣的椅子。

　　川久保玲和agnès b.等設計師一樣，進一步利用了商業零售空間與畫廊之間的模糊性，開始在自己的精品店裏舉辦展覽。在CDG東京店中，產品展示包括辛迪・雪曼的攝影作品，它們與時裝通常的陳列相得益彰。類似的展覽早已有之，比如紐約百貨公司羅德泰勒在1920年代晚期就舉辦過一場裝飾藝術展覽，倫敦的Selfridges百貨1930年代也展出過亨利・摩爾的雕塑作品。不過，到了20世紀末它們之間的關係更為複雜，兩個領域之間的關聯也更牢固地確立起來，在藝術家與設計師探討身體與身份的作品中尤為如此。

　　21世紀之初，藝術與時裝之間的關係依舊令人擔

憂，它同樣展現了文化價值觀以及人們潛意識中的各種慾望。藝術中的時裝與時裝中的藝術兩者間的界限變得模糊，其各自展示的空間也變得不再涇渭分明。商店、畫廊及博物館運用類似的方法來展示並突出藝術與時裝的消費，以及它們各自頭戴的文化光環。Louis Vuitton出資為品牌與普林斯 (Richard Prince) 聯名合作的2008春夏系列印花手袋舉辦的盛大派對就是一個極好的例證。這場派對在紐約古根海姆美術館裏舉行，並選擇了正在該館展出的普林斯個展的最後一天晚上，引來了一些專業領域媒體的評論，評論探討了商業贊助帶來的諸多問題以及時裝在美術館中的地位。這個例子充分說明，雖然藝術與時裝密不可分地聯繫着，但是當它們被太過緊密地捆綁的時候，兩者在相互比較中既可能會獲益，也可能會有所損失。

Miuccia Prada一直在積極地檢驗這些不同的觀點。1993年，她專門建立Prada基金會來支持並宣傳藝術事業。她還請來庫哈斯 (Rem Koolhaas) 等知名建築師為自己設計標誌性的「中心」(epicentre) 店，這些店鋪為她在店鋪層展示時裝設計的同時舉辦藝術展覽提供了空間。其中就有她在紐約蘇荷區門店展示的古爾斯基 (Andreas Gursky) 巨幅攝影作品。古爾斯基作品中對消費文化的頻繁抨擊反倒給Prada展出他的作品增添了一抹反諷的意味。於是，建築師、藝術家和設計師都呈現出一種心照不宣且自知的狀態，他們創造着

時裝、藝術還有建築，同時又不約而同地品評着自己的這些行為。

Miuccia Prada與時裝及藝術之間的複雜關係，在她打造的名為「腰肢以下：Miuccia Prada、藝術與創造力」（*Waist Down: Miuccia Prada, Art and Creativity*）的裙裝展覽中表現得最為淋漓盡致，她用這次展覽檢視了自己過去時裝系列中裙裝設計的演變過程。展覽由庫哈斯的建築團隊設計，在全球的不同場地進行巡展，比如2005年的上海站就在和平飯店舉辦。展覽運用了大量實驗性的展示方式：有的裙子從天花板上懸垂下來，撐在特製的機械衣架上不停旋轉；有的裙子平鋪展開並覆上塑料外層，看上去宛如一隻水母裝飾物。Prada的商業敏銳性與全球範圍內的成功經營使得所有這些創新設計成為可能，而她在藝術及設計世界裏的人脈則促使它們最終得以實現。然而，Prada本人似乎格外鍾情於這些關係的不確定性，同時對於這種不確定性如何聯結起時裝和藝術，她的認識也自相矛盾過。當展覽於2006年移師她的紐約精品店時，Prada對記者斯旺森（Carl Swanson）表示「商店本來就是藝術曾經的立足之地」，但緊接着又為她在這些「中心」店裏的展覽和其他作品的地位進行辯駁，她強調：

> 這是一個為實驗而存在的地方。但把展覽設在門店裏並不是偶然。因為它從一開始就源自我們希望在

店鋪中引入更多東西的想法，主要用來探討我的作品。它其實是對作品的進一步闡釋，與藝術全然無關。其存在只是為了讓我們的門店更加有趣。

這一矛盾居於時裝與藝術關係的核心。藝術家與時裝設計師的跨界合作能夠產生有趣的結果，但雙方也都會不安於大眾對這類作品的接受程度。作為視覺文化的兩個重要組成部分，時裝與藝術始終表達着並且不斷構建起諸如身體、美還有身份等各類觀念。不過，藝術的商業的一面通過它與時裝的緊密關係得到揭示，而時裝又似乎利用藝術為自己注入嚴肅與莊重感。這些跨界合作體現出，每一種媒介都可能既信奉消費主義，又充滿概念；既富有內涵，又關乎外在的展示。正是這些相通之處讓時裝與藝術走到了一起，並為它們之間的關係增添了有趣的張力。

圖8　2006年「腰肢以下」巡回展採用了充滿創意的方式來展示Prada裙裝

第三章
產　業

　　1954年，英國人尚德(Dennis Shand)導演了一部短片《一條裙子的誕生》(*Birth of a Dress*)。影片開頭取景於倫敦街頭恣意陳設着時髦成衣的商店櫥窗。隨着鏡頭掃過這些櫥窗外層鋥亮的玻璃，旁白評論起英國女性極為豐富且觸手可及的時裝，並認為高級時裝就是成衣設計的靈感來源。鏡頭緊接着特寫了一件修身酒會禮服，裙身一側荷葉邊綴至裙擺，傳達出1950年代晚裝的韻味。片中介紹道，這條裙子首先由倫敦著名設計師謝拉德(Michael Sherard)設計，經過改良後成了一件能夠大批量生產的服裝，使「街頭普通女性」也能輕鬆購買。影片隨後詳細地展示了整個生產過程。時尚媒體通常選擇迴避服裝製造這一產業化背景，而《一條裙子的誕生》讚美了英國的製造與設計奇跡，這些都參與到一條裙子的生產之中。這部影片由英國煤氣委員會與西帕紡織公司贊助拍攝，揭開了一系列生產工廠的面紗，在那裏用於服裝製造的棉花被漂白以作備用。觀眾跟隨鏡頭進入面料工廠設計織物印花的藝術家工作室，本片拍攝的是一款以炭筆描

繪的傳統英式玫瑰紋樣。之後蝕刻工藝將印花圖樣轉刻到滾筒上，科學實驗室則開發出了苯胺染料（油氣工業的副產品之一），然後工廠印製出大量面料，如此種種都在影片中得到了傲人的展示，以作為英格蘭北部工業技藝與創造力的證明。

鏡頭接下來轉到了邁克爾・謝拉德在倫敦梅菲爾（Mayfair）富人區的精緻沙龍，在這裏邁克爾以這一印花面料為靈感，設計出一件晚禮服。以邁克爾的設計為基礎，北安普頓工廠裏的成衣設計師重新改良了這條裙裝使其能夠大批量生產。他們簡化了設計，最終以三色印刷工藝推出一款時髦禮服，並通過一場時裝秀向來自世界各地的買手進行了展示。通過鏡頭記錄，影片讓觀眾關注到女性身上時髦衣飾生產所必須歷經的各個環節。這一設計離不開英國在高級時裝設計和規模化時裝生產中的成功，觀眾在鏡頭的帶領下目睹了這些服飾是如何「與工業研究和科學發展的最新成果緊密相連的」。這部影片其實是戰後一部反映英國工業發展、國家聲望崛起、消費主義興起的宣傳片。它另闢蹊徑，聚焦了時裝的生產製造過程，將整個產業的各個方面都聯結在一起，而通常它們都是以碎片呈現的：比如一件成品，設計師的概念，或者想要達到的一個目標。

正如《一條裙子的誕生》展示的那樣，時裝業包含了一系列相互交融的產業領域，這個領域的一端聚

圖9　1954年影片《一條裙子的誕生》劇照，影片追蹤了一條大批量銷售的裙子從設計到製造的全過程

焦生產製造，另一端關注最新潮流的推進與傳播。在生產者忙於處理技術、勞動力問題，努力實現設計商業化的同時，媒體記者、時裝秀製作人、市場營銷者以及造型師將時裝打造成視覺盛宴，將流行趨勢傳達給消費者。服裝已然被這些產業深深變革，從字面上說是通過生產過程，而隱喻意義上則是通過雜誌與照片。所以，時裝產業不僅生產了服裝，更製造出一種豐富的視覺和物質文化，給人們創設新的意義、樂趣以及慾望。

戈德利（Andrew Godley）、科爾申（Anne Kershen）和夏皮羅（Raphael Schapiro）在他們關於這一產業發展的文章中指出，時裝是建立在變化之上的。時裝天生就是不穩定的、季節性的，時裝產業的每一個方面都在不停地尋找調和這一不可預知性的方法。流行預測機構提前數年發佈面料、主題等板塊的流行趨勢，用以引導、啟發時裝生產者。時裝品牌聘請富有經驗的設計師，他們在自己對流行演變的直覺和標誌性的個人設計之間取得平衡，從而推出成功的服裝產品。時裝秀製作人與造型師會將這些服裝以最引人入勝的形式展示出來，以提升品牌形象，爭奪報道版面，同時吸引商場店鋪下單。店鋪買手依靠自己對顧客特點、店鋪零售形象的掌握採購最有可能暢銷的服飾，也進一步強化他們所代表的零售商在時尚方面的可信度。最後，時尚雜誌、高級時尚書刊等時尚媒體資源將會為時裝

製作廣告、撰寫時尚評論，竭力蠱惑、抓牢讀者的心。

14世紀中葉開始，時裝的發展便一直基於技術和工業上的突破，並得到了長期以來對傳統小規模、密集勞動方法的依賴的調和，後者保有必要的靈活性以應對季節週期性需求變化。需要強調的是，時裝產業也被消費者的需求驅動着。18世紀時，面料設計和潮流風格從年度變化轉為季節性變化。著裝者會依當季的流行趨勢來改造自己的服裝，借助裁剪和配飾打造全新的效果。正如勒米爾(Beverley Lemire)所寫的，當富人為昂貴的新款定製時裝買單時，下層群體則將二手衣飾與17世紀的成衣搭配在一起。

很顯然，時尚從來不僅僅是一個簡單的效仿過程，無論是效仿貴族，還是後來的法國高級時裝風格。雖然我們不能假設所有人都會，或者就此而言能夠緊跟時尚，但消費者需求對這一產業的發展來說確實是一個影響深遠的因素。從文藝復興以來，對身份、美感以及在服裝中獲得樂趣(不管是觸覺還是視覺上的)的渴望，都在其中發揮了作用。這一產業因而孕育出本土化、民族化和國際化的時裝風格，生產者和營銷者又不斷努力迎合着多樣化的慾望與需求。自18世紀英國年輕學徒引導的地區性時尚潮流開始，他們通過向服裝上增加裝飾以脫穎而出，或者早至16世紀佛羅倫薩權貴身披的精工天鵝絨，時裝業就包含了由交易員、分銷商、推銷者等構成的複雜鏈條。

時裝產業的演進

文藝復興時期的時裝產業因紡織品的全球商貿往來而蓬勃發展，東西方商品相互自由交流。服裝製作應用的技術逐漸成熟、優化，16世紀西班牙的裁剪教材使得更合身的剪裁成為可能。15世紀晚期，戰爭和貿易使得不同服飾風格在西方世界擴散，其中勃艮第宮廷的淺色風格佔據主流，而深色系的西班牙風格則在接下來的一個世紀裏不斷傳播。這種種潮流都是消費者對奢華和炫耀的慾望的一部分，等到17世紀路易十四對法國紡織品交易施行了制度規定，這種慾望開始變得正式化。這一舉措不但鞏固了已有好幾個世紀歷史的紡織品生產與全球貿易網絡，法國最高統治者所採取的這些行動同時也認可了時裝不僅能夠塑造民族身份，還可以影響它的經濟財富。於是，這一需要在不久後見證了巴黎高級時裝公會的早期雛形於1868年成立，為的就是監督巴黎的高級時裝產業。與之對應的是，新興工業化國家也在持續不斷地建設着自己的時裝和製衣產業，墨西哥的生產力在1990年代的提升就是一個很好的例證。

17世紀見證了里昂的豐富面料、巴黎的奢侈品貿易、倫敦的成衣業日漸得到認可和鞏固，它們憑借小規模的服裝製作，依託專注傳統技藝的小型工作室、家庭作坊快速發展。這些生產帶動了本地富裕階層和

旅遊觀光者對時裝的消費，它們也是成衣製造的早期嘗試，在未來會給時裝產業帶來更廣泛的影響，也就是讓更多的人穿上服裝，產生更多的經濟利益，時裝產業也最終發展成為一個重要的國際經貿門類和一股強大的文化力量。

　　軍需生產為成衣產業發展提供了極大的動力。「三十年戰爭」（1618–1648）期間建立起了一支龐大的軍隊，軍品工廠與外包製衣工坊一起為軍人生產制服。18世紀及後來的拿破崙戰爭時期，這類生產進一步擴大。早期的成衣生產主要是毫無個性的服裝，例如給海員製作寬大的工作服，褲腿肥大通常是他們衣著的特點，還有為奴隸生產的基本服裝。儘管本身並非時裝製造，這些生產活動還是為即將出現的成衣產業提供了必要的先決條件。

　　美國作為獨立國家的崛起在成衣產業的發展中扮演了一個至關重要的角色。1812年，美國軍隊服裝公司在費城開業，成為最早一批成衣生產商之一。伴隨美國內戰帶來的巨大的軍服需求，還有淘金熱給Levi's帶來的牛仔生意，一個基於生產方式和服裝尺碼標準化程度更高的產業興起了。基德韋爾（Claudia Kidwell）在她的書中指出，19世紀末人們對成衣的態度出現了一種與之對應的變化。成衣不再被當作拮据和底層身份的表徵。城市化不斷推進，城市工人和居民需要買得起的服裝，並且要「跟主流時裝看上去沒有多大差

別」。城市之中更多時尚潮流隨處可見，人們期望自己在人潮之中與眾不同的願望，成為驅動成衣產業的另一股力量。

需求總是和創新緊密相連。珍妮紡紗機（約1764年）提高了面料生產速度，提花織機（1801）使更複雜的織物設計成為可能。然而，正是合理的尺碼標準體系的形成使得高效的大規模生產成為可能，也使得時裝產業從19世紀中葉開始更加發展壯大。舉個例子，根據佩羅（Philippe Perrot）的著述，截至1847年巴黎共有233家成衣生產商，僱員規模達7000人；而在英國，據1851年的調查，服裝貿易僱用的女性數量位列第二，僅次於家政服務。從這一點看，女士成衣產業同樣也在發展，與早期男士成衣的情況類似，女士成衣主要是斗篷這類的寬鬆服裝。

勝家公司於1851年投入市場的縫紉機，有時被看作成衣行業發展的革命性因素。然而，直到1879年蒸汽或燃氣驅動的縫紉機往返擺梭被發明出來，服裝生產的速度和簡易性才得到大幅度提升。安德魯·戈德利（Andrew Godley）曾有記錄，一名熟練的裁縫每分鐘能夠縫製35針。但到了1880年，動力驅動式縫紉機能夠每分鐘完成2000針，而到1900年這一速度已經攀升到每分鐘4000針。技術的進一步革新，例如裁剪和熨燙技術的改良，在極大縮短生產時間的同時也減輕了生產者和消費者的成本負擔。

1880年代從俄國種族迫害之下出逃的大量移民，給英美兩國的成衣產業增添了更多動力，猶太裁縫和企業家也成為時裝產業發展的重要力量。例如，摩西（Elias Moses）在廣告中號稱自己是「倫敦第一製衣……開創了成衣新紀元」，而後又宣稱「當前的製衣速度和火車一樣迅捷」。摩西把自身行業效率飆升的技術和更為迅猛的交通方式類比，確實再貼切不過。火車路網不僅加快了貿易和分銷，更打開了傳播的可能性，將時裝潮流擴散到各個階層甚至不同國家之間。

　　從19世紀中葉婦女頭戴的用來遮擋海邊陽光的黑紗，到越來越受歡迎的舒適的男式西裝便服，旅行度假服飾及運動休閒時裝促進了成衣產業的蒸蒸日上。19世紀最後四分之一的日子裏，女性開始進入白領職場，她們迫切需要適合公共場合的新款服裝。作為女性著裝原型模式的「裁縫定製」也在1880年代得到了新的發展。穿上了女士襯衫的新女性們代表了一種全新的風格，在此背後19世紀末不同性別群體中眾多的新時裝風格蓬勃興起。確實，美國製造的「仿男士女襯衫」在1890年代之初就已經風靡，證明了消費者需求與供應商創新之間的緊密關聯，它不斷驅動着時裝產業向前發展。

　　如果說18世紀見證了點燃大眾對時裝慾望的西方消費文化的發展，那麼19世紀則將這種對新奇與感官

體驗的熱愛轉變為遍及全球的視覺和商貿狂潮。發明家接連開發出大批量生產的裙襯、束身內衣、裙撐等一個又一個專利產品，用最新的技術重塑着女性的身體；橡膠、賽璐珞材質的出現，給渴望擁有精致紳士風度的年輕男性提供了既可以輕鬆負擔又容易打理的潔白領子與袖口；苯胺染料的出現意味着織物可以大膽地將科學革新與時尚融合起來。

成衣產業加速發展的同時，高級時裝業也越來越多地習得了商業往來中的博弈伎倆。露西爾和沃思等代表性設計師以及主要的幾家百貨公司所使用的宣傳策略，尤其是時裝秀，發揮了巨大作用，將各種流行風格的華美形象廣泛傳播。這些展示活動在市場的各個層級傳播並造成影響，也給想要將最新潮流改造為符合自身價位的生產商們提供了模仿的樣板。美國買家尤其熱衷於挖掘高級時裝真品氣質中的商業潛力。他們花錢參加各場時裝秀，與賣家達成協議後採購一定數目的服飾，然後根據這些服飾生產限定批量的複製品。如在17世紀之時，「巴黎」就是奢華的同義詞，這個城市的名字出現在各式廣告、專題報道之中，被世界各地無數的商鋪和品牌放在自己的名號裏，以作為時尚可信性的標誌。巴黎代表了優雅和舊世界的奢華，當其他城市努力打造能在國內國際市場上暢銷的特色時尚風格時，巴黎也為它們的服裝產業提供了一種發展範式。

至19世紀末，時尚作為服裝產業的一股主要推動力不斷勃興，它把流行服飾帶給了更廣泛的人群。時裝一方面使得人們得以構建新的身份；另一方面，產業發展的背後是對以女性和移民群體為主的產業工人的剝削。血汗工廠是這一充滿活力的現代化進程的陰影，始終揮之不去。自1860年代起，行業醜聞不斷爆出，確保如期交貨及低廉零售價格的逼仄空間、長時間勞動和極微薄薪水的故事一次次震驚了政府和社會民眾。關於生產道德的討論帶來了大規模的工會聯合，20世紀早期，限制最低薪酬的法律也得到推行。儘管在剝削勞動力問題上臭名昭彰的是致力於大規模、標準化服飾生產的服裝業，時裝引發的一系列爭議從未中斷。維多利亞時代縫製定製禮服的那些孱弱年輕女子的形象，在今天被替換成各路信息曝光中服裝品牌在亞洲和南美洲僱用的童工。

　　時裝生產商們自古就需要保持與市場的密切聯繫，並針對消費者對某一特定流行趨勢的需求迅速做出反應，今天發達的信息網絡讓服裝生產裝配可以分包到越來越遠的地方。隨着20世紀漸漸遠去，科技手段使得每一個服裝款式的銷量數據能在各個店鋪的各個收銀機上進行整理檢點，進而能迅速向工廠下單。運輸方式和分銷渠道的改進進一步加速了這一過程，極大地為一批成功的國際服裝巨頭增加了便利，比如瑞典的H&M、西班牙的Zara。這些公司能夠快速響應

設計師的時裝系列，同時密切關注着街頭流行的新興趨勢，以複製最新的高級時裝，有時候甚至能搶在高級時裝上市之前先推出自己的產品。這種模式同樣意味着工人的工作環境更加難以保障，引發了針對高街品牌的種種指控，Gap的遭遇就是個例子。

現代時裝產業的結構在1930年代已經確立。隨着20世紀逝去，這一產業被冠上「快時尚」的名頭，從前按季發佈的節奏已經被打破，服飾產品如今能夠不間斷地出新，持續供應給各個高街時尚零售商。1920年代的高速增長為這套系統奠定了基礎。那個十年見證了更大規模的投資、更大範圍的國際交流，同時越來越多的跡象表明，時尚，而不是質量和功能，能夠賦予服裝甚至汽車更多的賣點。「大蕭條」開始後，人員和財力的大量削減讓人們更注重精簡有效的工業生產，建設國內市場，同時在全球範圍內尋求新的區域以作為目標市場，巴黎的高級時裝設計師和美國的成衣生產商們，都把南美地區視為新客戶的重要潛在來源地。

戰後時期，消費市場和國內工業得到了進一步的鞏固。在美國的支持和商業知識的幫助下，意大利和日本發展出了各自的時裝產業，在時尚服裝與衣櫥基本款之間取得了平衡。確實，這一結合非常重要，艾金斯(Teri Agins)認為它對於延續一個品牌的商業生命至關重要。她斷言美國設計師麥茲拉西(Isaac

Mizzahi)1998年不得不關閉自己的同名品牌業務,就是因為他把全部精力都放在了時尚服裝上,而忽略了經典款式的需求。

這再一次證明了時裝產業的善變,設計師和生產商必須考慮周全才能增加並穩定自己的市場份額。這一點體現在高級時裝設計師品牌授權生產、開發的成衣產品線,以及20世紀晚期出現的成衣品牌衍生的副線上,比如高緹耶童裝(Junior Gaultier)和DKNY。這些系列依託設計師通過各自主線打造出的光環,並借助價位更親民、款式更基礎的服飾不斷拓展消費人群。

時裝產業對外部投資和其他資本保障途徑的需求在20世紀得到解決。英國Burton男裝生產並零售自有設計,使得供需兩端間形成緊密的關聯互動,也使公司在1929年得以上市。從1950年代晚期開始,法國時尚品牌開始上市。1980年代以來,奢侈品巨頭,比如Louis Vuitton Möet Hennessey,旗下囊括Marc Jacobs、Louis Vuitton、 Givenchy、Kenzo以及Emilio Pucci等品牌,將年輕品牌與老牌時裝店匯合,以保證其時尚可信性,同時通過將利潤分散在名酒、香水、腕錶及時尚品牌等眾多領域以抵禦經營風險。

然而,時裝產業依然有一個重要門類始終保留着幾個世紀以來的規模極小、勞動密集型的經營模式。主要分佈在倫敦東區的許多工作坊就是這一類型的縮影,年輕設計師普(Gareth Pugh)、凱恩(Christopher

Kane）以及施瓦布（Marios Schwab）只僱用了極少量的助理來協助他們完成自己的服裝系列。他們沿襲着英國設計師自1960年代就樹立起的傳統，作品出色的時尚設計引起了媒體的興趣，影響力隨之遠播世界各地。

時裝宣傳推廣方式的發展

時尚媒體與廣告行業緊跟着服飾生產和設計的腳步不斷發展，傳播着最新流行趨勢，並通過影像和文字構建起種種時尚典範。毫無疑問，媒體報道能夠讓設計師迅速躥紅，就像普、凱恩和施瓦布那樣，但它也有可能侵蝕長期發展的根基。如果設計師在職業生涯之初就過快地斬獲盛名，而此時的他們還沒有找到有力的資金支持，不具備與訂單需求相匹配的生產能力，他們的事業便難以成長。儘管如此，媒體報道仍然被認為對於樹立品牌，並最終找到來源可靠的資金投資至關重要。這樣的矛盾在倫敦時裝週表現得尤為明顯，以中央聖馬丁藝術與設計學院為代表的藝術院校不斷培養出大批極有才華的設計師，但基礎條件匱乏、政府投資不足又讓他們的設計事業不堪一擊。

20世紀下半葉，循環舉辦的季節性國際時裝秀逐漸主導了時裝產業。它們為設計師和生產商提供了一個平台，在這裏他們能夠按自己希望的方式展示自己的設計系列，而不是透過雜誌報道的濾鏡來展現。時

裝秀集合了全球銷售終端的買手、消費高級定製時裝的富有個人客戶等，隨着它們的發展壯大，媒體從業者和攝影師也參與進來。從19世紀末規模極小的高級時裝沙龍展示開始，時裝秀逐漸形成自己獨特的視覺語言，不僅包括模特的動作和儀態，燈光與音樂的配合，還有用來傳達各個品牌標誌和追求的那些越來越精美的現場表演。

直到1990年代，時裝秀的內容都是經過媒體篩選編輯後才向大眾傳播，不管是報紙雜誌，還是後來法國時尚電視台這樣的電視頻道。然而到了20世紀晚期，互聯網向公眾提供了能夠接觸到未經編輯內容的途徑，這些內容有時會在設計師的網站上同步直播。當下的即時性有可能打破設計師與生產商，時尚媒體、零售商和潛在客戶之間原本的穩定關係。它讓設計師的作品以完全不經媒體加工的本來面貌呈現給消費者，消費者可以直接購買秀中的服飾，而這些款式時尚雜誌和店鋪買手則不一定會相中。

出版、廣播再到現在的互聯網媒體，它們構成的國際化網絡憑借着戲劇化的意象創造時尚內涵，幾個世紀以來不斷演變。文藝復興時期，無論本地城鎮還是國外的貿易和商旅，都會帶來新的時尚資訊。諷刺文同時嘲笑和讚美着時尚。一流的製衣商設法通過散發玩偶以傳播流行趨勢，而這些玩偶身著的都是最新款式的正裝和便服。書信往來為傳播最新款式提供了

一條非正式途徑。確實，相比小說，簡·奧斯汀(Jane Austen)在她與姐妹的通信中留下了更多的時尚信息，詳細地寫到了她們帽子上新的裝飾、新購置的裙子。這種近似名人逸事形態的時尚傳播，在今天的網絡博文中繼續存在，也體現在一些內容風格個人化的小刊物裏，例如專注復古風格和自製時裝的雜誌《邂逅》(*Cheap Date*)。

17世紀，更加正式的傳播方式不斷演變，包括自早期展示不同國家服裝的畫冊演化出的不定期出版的時尚雜誌。不過，第一本定期發行的時尚雜誌直到1770年代才正式出版。《淑女雜誌》(*The Lady's Magazine*)建立了整個時尚報道和形象塑造的行業。最令人印象深刻的大概是這本雜誌的開本，到21世紀的今天它仍被當作範本。18和19世紀的時尚雜誌的內容，既有充滿談資的社交事件，文中事無巨細地描述名流的裝束，也有給讀者的護膚化妝和著裝建議，還有小說以及巴黎頂級高級時裝設計師和裁縫師的各類新聞。在如何選擇合適的時裝、美妝，如何舉止得當等問題上，時尚雜誌把說教式的文章和「姐妹」般的建議融為一體，頗為有力。它們構建起「女性」的典範，不管是忠於家庭生活的強烈道德觀還是對性別身份的前衛挑戰，前者體現在19世紀中葉《英國女性居家雜誌》(*Englishwoman's Domestic Magazine*)對家務和服飾紙樣的建議中，後者則出現在1980年代中期的《面

孔》（*The Face*）雜誌裏。

這些雜誌很早開始就通過廣告和更為隱秘的促銷鏈跟時裝工坊和生產商們保持着密切的關係。1870年代，《米拉衣裝志》（*Myra's Journal of Dress and Fashion*）成為社論式廣告的先驅，它把廣告和專題評論內容糅合在一起，在刊載瑪麗·古博（Marie Goubaud）夫人文章的同時配載了關於她的時裝店的廣告圖片和評論內容。這種關係在20世紀進一步發展。1930年代，蘭伯特（Eleanor Lambert）就是最早把公關技巧應用到時裝產業的那批人之一，他們認識到了多元化推廣的可能。這樣，媒體代表開始游說將各大品牌投放入專題文章和圖片中，通過增加時尚雜誌的聲望來確保已有廣告版面的傳播效果。蘭伯特還鼓勵自己代理的電影明星穿著與她穩定合作的設計師的作品。1950年代，她將運動服裝設計師麥卡德的新款太陽鏡系列送給著名影星瓊·克勞馥（Joan Crawford），蘭伯特清楚地知道克勞馥佩戴麥卡德作品的照片會成為設計師產品的代言，同時也會提升明星自己的時尚影響力。

類似的互惠跨界合作鞏固了時裝產業的基礎。19世紀晚期，倫敦的一流高級時裝設計師，比如露西爾，紛紛為舞台上的頂級女主角們提供服裝，以此獲得免費的宣傳，增加自己產品的曝光度。這種操作繼續發展，設計師開始為電影設計戲服，比如Givenchy為柯德莉夏萍1961年的電影《珠光寶氣》設計的那件

標誌性的高定禮服，又比如尚–保羅・高緹耶1997年為電影《第五元素》（*The Fifth Element*）設計的卡通化的前衛科幻戲裝。最關鍵的是，演員和名流會在他們的私人生活中穿著某些時裝，讓人們更加認定某位特定設計師的作品與名流的生活密不可分。美國電影藝術與科學學院獎[1] 這類全球關注的盛事來臨時，設計師則要使出渾身解數爭奪為明星提供服裝的機會。《問候》（*Hello*）這類雜誌會追隨早期好萊塢影迷雜誌的方向，進一步模糊明星公眾與私人狀態的邊界，它們拍攝名人在家中的照片，並在旁邊羅列出明星們身著所有服飾的品牌信息。

時裝產業和它這些「盟友」間方方面面的相互依存，常被詬病為是在創造千篇一律的可認同身份。儘管這些批評一定程度上是中肯的，因為苗條、白皙和年輕無疑是主流的形象，但時尚同時也不停地探索着許多邊界。時尚和潮流雜誌本身就是孕育它們文化的一部分，因而反映了人們對種族、階層和性別等更多元的態度。時尚雜誌代表新事物的定位，以及它們對一流作者、形象策劃人的強大吸引力，同樣意味着它們能夠提出全新的個性，並為讀者創造出一次逃離日常生活的機會。1930年代，美國版*Vogue*倡導富有活力的現代女性形象，將暗示自由和激情的誇張的女飛行員圖片與上班著裝的實用建議刊載在一起。1960年

1　通稱「奧斯卡金像獎」──編注

代，英國刊物*Man About Town*會為它給男性讀者的時尚生活建議配上身著精緻利落西裝的男士圖片，照片背景是鮮明的都市場景。1990年代後期俄羅斯版*Vogue*中極盡奢華的高級時裝則成為讓人們暫時忘掉經濟危機煩惱的夢幻之境。

　　每一種出版物都形成了自己的風格，竭力吸引着讀者，並為讀者的時尚地位提供了一種標記。20世紀早期，*The Queen*雜誌代表了優雅的精英範兒；1930年代，主編斯諾(Carmel Snow)和藝術顧問布羅多維奇(Alexey Brodovich)打造出高級時尚雜誌*Harper's Bazaar*，以富有衝擊力的文字、圖片和插畫節奏誇張地呈現出現代主義優雅形象；而1990年代在比利時安特衛普出版的*A Magazine*，請來馬吉拉(Martin Margiela)等一眾前衛設計師作為各期雜誌的「策展人」。商業出版物提供了近似於多數報紙雜誌報道的夢幻氣質的替代品，也在聯結時尚各個不同元素上發揮了同樣重要的作用。19世紀出版的《裁縫與裁工：時裝行業刊物與索引》(*The Tailor And Cutter: A Trade Journal and Index of Fashion*)刊載了許多實用信息和技術討論文章。1990年代之後，以世界全球潮流互聯網(WGSN.com)為代表的網站媒體，已經能夠海量整合世界各地分站的行業顧問對未來潮流的預測，以及關於全球各個城市的街頭時尚的報道，而這些資訊讓時裝產業能夠即時獲取新興潮流和發展信息。

時尚雜誌創造的圖像與文字、人體與服飾、社論與廣告等的拼貼，為讀者製造了一個能夠遁入其中的紛繁空間。它們建立起一座視覺消費的王國，在那裏甚至是紙張也力求能給讀者帶來多重感官體驗，不管是法國著名雜誌 *Elle* 平滑而有光澤的用紙，還是 *Another Magazine* 的紋理材質插頁。雖然時尚雜誌總是迅速過時，它們卻是同時代文化和社會發展的記錄，並將時裝產業的商業規律和它自身在全球視覺文化中無形的推動作用統一到了一起。雜誌不只是報道各類時尚內容，在很多人眼中，它們本身就是時尚。插畫和攝影藝術為服飾增加的含義有時也將它們轉化為時尚。一面是服裝的日常現實性，一面是插畫家妙筆生花或時尚大片點石成金所製造出的幻象，種種新觀念在這個層面之間不斷地產生影響。這些新觀念滲入當下的風俗，但又不斷地突破固有觀念以提出增強的現實或超現實主義敘事方式。

在下面這幅19世紀早期時裝圖樣中，畫師簡化了他的速寫線條，呼應了時髦廓形簡潔的特質。圖樣選取中心人物的背面視角，畫面焦點落在女士身上仿古典式的垂墜打褶裙裝，並以她圍裹的明艷紅色長披巾強調了這一形象。男士外套身後收窄的燕尾也在他以古典「裸體」為靈感的裸色馬褲對比下凸顯出來。畫中還有許多時尚細節，如男人們極為時髦的鬢角，席地坐着的女士頭上猩紅色的小帽，都被置於這幅插畫

的敘事之中。時裝圖樣給服飾增加了情緒和語境，原本僅在下單時作為製衣師或裁縫模板的簡易插畫的原始信息開始得到豐富和提升。圖樣創設的環境能夠營造出一種自在閒適的優雅感覺，把時裝和更多樣的風尚聯結在一起，在這幅畫中畫師選擇了當時人們對熱氣球的迷戀。

發端於19世紀中葉的時裝攝影也發揮了類似功能，增加了在真人身上展示服裝這一元素。如果說時裝生產在努力平衡時尚難以預測的天性，那麼時裝影像則在讚美時尚的模糊性。圖像在時裝的建構中扮演了核心的角色，它展示了不同風格的時裝上身後的效果，並將與特定服裝相關的動作與姿勢編入目錄。

美國攝影師弗里塞爾(Toni Frissell)這幅1947年的攝影作品說明了簡單普通的日常衣著是如何通過圖像得到改變的。弗里塞爾沒有將這件網球服展示在它通常會出現的球場環境裏，而是將模特置於一片突出的山地景色中。自然光線裏，裙子亮白色的面料光彩熠熠，利落的廓形在陽光中進一步凸顯。在觀者眼中，模特的身份無法識別。她將頭轉向山景的一側，身體姿勢強化了她健康運動的形象，但又表現得十分自然。陽台的曲線將模特和線條流暢的現代建築聯繫起來，為她營造出一個傳遞着自然與人工兩種高級質感的場景。時尚編輯對模特的挑選，對拍攝造型的設計 —— 乾淨的橡膠底帆布鞋和及踝短襪、清爽的髮

束、身邊隨手放置的羊毛衫，都加強了弗里塞爾佈景和構圖投射出的漫不經心的悠然。這樣，成衣因此情此景被賦予了一種其原本缺乏的時髦氣勢的光彩。

這些相互交織的產業周旋於生產商和消費者之間，因而創造出各種各樣的「時尚」顯現點。這些點都是循序漸進、不斷累積的。John Galliano所受過的時尚訓練、他的經驗和個人直覺使得他最初的設計中就包含了未來的風尚，而後經過不斷演化，這些風格得到不斷加強。與他一起在Dior高級定製工作室共事的那群技藝嫻熟的能工巧匠們進一步促成了高級時裝時尚可信性的傳統，這一傳統已經薪火相傳了幾個世紀。通過精心設計和佈置的環境、對模特和造型的戲劇化調度，加利亞諾用自己的時裝秀向時尚界的各路人士展示着自己的風格主張。時尚媒體們秀後便開始強化並且可能重新闡釋加利亞諾的時尚風格，採取的方式是刊發核心潮流的描述文章，並將加利亞諾的設計作品與他的同儕進行對比。無論是廣告和報道照片，還是零售終端和櫥窗陳列，都將加利亞諾的作品認定為時裝，並提出多種方式以激發人們對如何穿著這些時裝的想像。

我們很難確定服裝具體在哪一個時間節點搖身一變成了時裝。對於加利亞諾，或是更早期像20世紀中葉的巴倫西亞加這樣的高級時裝設計師來說，時尚風格的誕生一方面要通過他們的設計實踐，另一方面也

圖10 1802年的一幅時裝圖樣，展現了這一時期仿古典式的時裝風格

仰仗他們的設計作品被傳達給大眾時所使用的一系列宣傳和廣告攻勢。1930年代至今的成衣和高街時尚產品也是一種類似的綜合體，它們既有逐漸確立起來的時尚可信性，又有時尚媒體的驗證，還有通過衣飾給人帶來豐富靈感啟發的無形能力，這將服裝和身體的典範與當代文化的其他領域聯繫在了一起。

圖11 托尼·弗里塞爾1947年的時裝攝影作品，身著網球服的模特置身於一片突出的風景之中

第四章
購物

    2007年Comme des Garçons在華沙開出一家新的游擊店[1]。根據計劃這間店只會在這裏運營一年，以作為品牌類似的「快閃」店項目的一部分。第一家游擊店2004年在東柏林開業，接下來品牌又在巴塞隆拿和新加坡開設了相似的短期精品店。每間店都獨具個性，又與它所在的環境相協調。華沙店完整保留了選址原本的蘇聯時代果菜店外觀：綠色的瓷磚，不平整的抹灰，粗糙牆面上還有傢具配件扯掉後留下的痕跡。整個空間的美學延伸到了「陳列櫥櫃」，這些櫃子都是蘇聯時期的傢具，被安裝後用來放置品牌的產品。它們雜亂無章地貼在牆上；抽屜被拉扯出來，歪歪斜斜，半開着露出裏面晶瑩的香水瓶；破損的椅子從天花板上懸垂下來，破舊的坐墊上搖搖欲墜地擺放着各式鞋子；服裝懸掛在光禿禿的金屬橫桿上；燈飾上垂下的電線擰作一團，盤踞在地板上，一半隱沒在堆疊起來的傢具之下。

---

1   一種在商業繁華區設置臨時店鋪，於較短時間內推廣品牌的商業模式。——編注

整個佈置營造出一種被遺棄的貯藏室的效果，店主似乎匆忙逃離，只留下滿屋的服裝配飾。這種氛圍是店鋪地理位置與歷史背景的一種象徵——共產主義被前蘇聯陣營國家拋棄，資本主義即將取而代之。這樣的變革也讓人們改變了曾經只買需要的，或者說只能有什麼買什麼的消費習慣，轉而開始在豐富的商品選擇中消費自己夢寐以求的東西。店鋪打造出的潦草感同時也呼應了游擊店的本質，即它會突然佔據某一城市空間。實際上這已經是品牌在華沙的第三個化身，第一次嘗試是2005年在一座橋下的廢棄通道裏完成的。

　　儘管這些店鋪看似偶然又毫無章法，它們卻是CDG在時裝零售業保持自己前沿地位的精心策略的一部分。一部分店鋪只營業幾天，有的則持續一年；所有的店鋪均未進行廣告宣傳，除了以電子郵件告知老顧客，或者在開設當地張貼幾幅海報，而最關鍵的是靠人們口口相傳。這些過程仿效了亞文化的傳播效果，只需告知小圈子內的輿論製造者，而這一群體其實早已認可品牌在時尚行業裏代表前衛風格和設計的先驅者地位。游擊店為自己的產品營造出一種獨有、神秘又刺激的氛圍。這種氛圍促進了一種感覺，即來訪者有知情的特權，讓他們認為在這裏購物也是參與了一場半私密的活動。通過強化慾望、生活方式和個人身份，品牌以此切入了21世紀早期高級時裝消費主

圖12　2008年CDG華沙游擊店內部設計看上去如同一場現代主義傢具展

義中的關鍵元素。照此，這家游擊店再次如各種街頭文化一般，在彰顯個性的同時又表明了自己屬於某一群體。它主張購物其實是一種體驗，對這間店來說，人在其中猶如參觀一家小型畫廊。重要的是，它以一種貫穿品牌知識分子精神特質的方式樹立品牌形象。CDG顯然拒絕了許多時尚廣告與銷售行為中那些過度且頹廢的東西，同時針對品牌核心客戶擁有一套精明的營銷策略，也不斷吸引着充滿好奇的「路人」。

1980年代開始，設計師川久保玲就開設了一系列極具創新性的店鋪。她早期的精品店中節約而格局緊湊的空間沿襲了傳統和服店的美學理念，將服裝產品整齊疊放在貨架上。除此之外還通過只陳列少量產品來創造出一種虔誠的感覺，讓購物者能夠關注產品的細節和整體包裝。她的競爭品牌以及像Gap和Benetton這樣的高街品牌仿效了這種做法，也開始運用木質地板、純白牆面，把毛衣成堆疊放在貨架上，並精心佈置強化空間感和利落線條的掛衣桿。

川久保玲和她的丈夫約菲（Adrian Joffe）2004年在倫敦開張的「丹佛街集市」則另闢蹊徑，在整棟建築物中的許多不同空間中精心展示各種時裝和設計品牌。在某一層，更衣室被設置在一個巨大的鍍金鳥籠之中；另一層上，服裝卻和花卉綠植、園藝工具組合在一起。川久保玲為「丹佛街集市」賦予了靈活性和多樣性的概念，她在店鋪的網站上寫道：

> 我想創造一種集市，在那裏不同領域的不同創造者
> 能夠聚集、相遇在一種持續的美好而又混亂的氛圍
> 中：共有強烈個人審美的不同靈魂在這裏交匯，齊
> 聚一堂。

這一氛圍恰如一個19世紀集市的現代版本，充斥着一大批不斷變化的獨家時裝產品線和不拘一格的物件。

跟CDG更為穩定的精品門店比起來，「丹佛街集市」這樣的經營模式強調了現代零售業的多樣化和靈活性。在飽和的市場環境裏，所有的設計師和時裝品牌都必須突出自己的個人特徵才能建立穩固的消費群體。CDG代表了這一經營模式的前沿，它所採取的這些方法令人不禁想起更早年代的行業前輩，不管是19世紀清楚一定要給商品製造視覺衝擊力的百貨商場經營者，還是20世紀早期將自己的沙龍打造成反映個人服裝風格的私密感官空間的高級時裝設計師。

零售業的發展

文藝復興時期，紡織品與鑲邊配飾仍舊從集市和眾多流動商販手中採買，這一傳統延續了幾個世紀。蕾絲、緞帶以及其他配件要麼被帶到鄉間四處兜售，要麼批發給本地商店。規模稍大的村子裏會有販賣羊毛和其他材料的布商，城鎮裏會有銷售高級絲綢和羊

毛的女帽店。本地裁縫和鞋匠則會生產衣服和配飾，一件衣服的各個組成部分需要從不同的商店採購來再由匠人製作，因此，購置服裝極有可能是一個漫長的過程。各個國家的購買模式也有所不同。在英國，為了買到更時髦的服裝，人們經常前往附近市鎮或城市。然而在意大利，地方各自為政、地理分離破碎的境況使得不同區域間的差異更為顯著，因而造就了各個村莊中種類更加豐富的店鋪。

全球紡織品貿易已發展成形上千年，國際商路跨越亞洲、中東直達歐陸。人們舉辦大型市集來向商賈和小販購買及銷售面料，他們會不斷流動，前往布魯日或日內瓦，或者去每年舉辦三次集市的萊比錫，又或者前往利茲的布里格市場。17世紀時，英國及荷蘭東印度公司強化了與亞洲之間的商貿聯繫。到18世紀中葉，諸如印度棉布等已經成為日常面料。當時印度棉布相當時興，更重要的是它既便宜又耐水洗，因而大幅提升了各個階層人們的衣著清潔程度。得益於航海運輸的改進，這些商品能夠跨越全球運送。同時，對於時髦面料的需求激增，因為越來越多的人希望自己能夠衣著時髦體面，能夠符合當代社會外表和行為舉止的典範。這些東印度公司用不斷推新變化的織物設計，國外進口的絲綢、棉布、印花布等滿足着人們的慾望。商人們鼓勵時尚先鋒穿著自己的最新商品參加會被時尚雜誌報道的時髦社交活動，以此來推廣新

圖13　倫敦街頭集市的二手衣物貿易已經持續了幾個世紀

的時裝。史密斯(Woodruff D. Smith)曾記述了東印度公司如何安排印度工匠開發更多熱門設計，然後隨着時尚從巴黎傳播出去而將這些時裝賣遍歐陸。正如丹尼爾‧羅什在提到法國裙裝變化時所說的那樣，到18世紀末，大體上購物者可選擇商品的門類遠為豐富，「但是一切與外表展示相關的東西，無論是社會還是個人需要，都增加得更多」。

紡織品和服裝一度較為昂貴，被當作僕人月例的一部分來發放，並在家人手裏一代代留傳下來，也會在二手商店、集市一環接一環地出售，直到它們變成破布或者再生成紙張為止。隨着18世紀耕作方式得到改進，財富分配有所提升，更多人想要購買時尚服飾，起碼能讓自己在禮拜日穿得最為體面。店主們開始在陳列展示產品以及服務顧客上花費更多時間。到了1780年代，平板玻璃櫥窗的使用讓陳列更加引人注目，店內的裝飾陳設也開始愈發精緻起來。時尚購物已然逐步塑造起城市的地理。倫敦的考文特花園成為第一個時尚郊區，瓊斯(Inigo Jones)操刀設計的廣場上進駐了各類布料商和製帽店，這些店鋪在1666年的「倫敦大火」之後搬到了城西。在巴黎，皇家宮殿完成改建，某種意義上成為第一家專門打造的購物中心，沿着宮殿花園的四周，一排排小型商鋪和咖啡館延展環繞。廣告和營銷手段也在同步發展。傳單上誇耀着某家店的各色成衣服飾，或是豐富的面料選擇；

時尚雜誌裏刊登着對最新款式的細緻描述和精美插畫，企業生產商和銷售員則極力鼓動時尚引領者穿著自家產品出現在公眾眼中。自文藝復興起，購物與人們逐漸增強的個性意識一道攜手前進。時髦裙裝提供了在視覺上表達個性的手段，而清楚時裝應該在哪兒買、怎麼買則是達成目標的關鍵。斯摩萊特(Tobias Smollet)等小說家諷刺了人們試圖打扮得富有吸引力、時髦，同時試圖使自己看起來高於自己的地位的行為。斯摩萊特察覺到了日益發展的消費文化，而這一文化在接下來的世紀裏將繁榮興旺。

購物的發展

1800年代早期，小型的專賣店仍舊十分重要，不過在大型公司興起後大範圍的商品和服務才聚集起來，這預示着購物將進入一個全新的時代。布西科(Aristide Boucicaut)1838年在巴黎創辦Bon Marché商店，到1852年時它已然演變成一家百貨公司。它把面料、男士服飾還有其他時尚產品集合在一起，並且通過在店內設置餐廳為購物引入了一項強烈的社會元素。布西科開發出多種顧客服務，這進一步促使人們意識到店鋪員工與顧客間關係的改變，以及顧客與使用店鋪之間關係的變革。他固定了價格，並在所有商品上進行標注，這樣一來就省掉了討價還價的必要，

同時他也允許退換貨。Bon Marché百貨是最早的一批百貨公司之一，另外還包括曼徹斯特的Kendel Milne，它由1831年的一個集市演變而來，以及紐約的A.T. Stewart，它由1823年的一間小布料店逐步轉型而成，到1863年時已在紐約百老匯這一主要時裝購物區穩坐頭把交椅。這些百貨商店演變出越來越成熟複雜的銷售技巧。店鋪歡迎顧客在店內隨意瀏覽，循着精心設計的路線穿過店鋪各樓層，走進店內的咖啡館和餐廳，或是駐足觀看店中安排的娛樂活動。購物首次變成了一種休閒的追求，專注於在一個時髦而令人安心的環境之中消遣時光，當然還希望顧客能花費金錢。

女性作為百貨公司的主要目標，常常被它們精心佈置的櫥窗陳設中突顯高級面料的光效、貨品的豐富色彩和質感深深吸引，不覺間踏進這些精美的建築。從前的中產階級和上層階級女性是不可能單獨購物的。即使有女傭或隨從的陪侍，某些街道在一天中的特定時段也在她們的活動邊界以外。比如，倫敦Bond街的店鋪主要是面向紳士的，女士如果下午前往的話會被認為非常不得體。這些小心謹慎的禮法規定被百貨公司慢慢侵蝕，它們鼓勵女性在那裏進行社交往來、任意走動瀏覽，本森（Susan Porter Benson）曾引用波士頓一位店主法林（Edward Filene）的話，稱其為「沒有亞當的伊甸園」。這不僅賦予了女性更大的自由，更塑造了作為消費者的她們。拉帕波特（Erika

Rappaport）以一種模稜兩可的表述描繪了這一改變。維多利亞時代人們心中理想的女人應該一心繫在家人和家庭上。女性顧客出門為她們的孩子和丈夫採買東西可以被看作是在關注這些家務事，另外她們也會給自己購買能夠彰顯她們家世身份和品位的時裝。然而，外出購物同時意味着離開家中的私密環境，前往城市中心地帶，置身先前男性主導的公共領域之中。購物同樣更關注人的感官體驗，而非那些更加高尚的女性消遣活動。用拉帕波特的話來說，這是城市作為「享樂之地」發展過程的一部分，在其中「購物者被命名為享樂的追尋者，由她對商品、場景還有公共生活的渴求來下定義」。時裝因此給人帶來了一種矛盾的體驗。購買服裝、飾品和男士服飾用品能讓女性在19世紀不斷發展的城市場景裏佔據一片新的空間，同時又潛移默化地引導她們接受一種注重矯飾和慾望的生活方式。店家努力讓自己的陳設盡顯誘惑力，煽動女人放任自我在他們的店面之內消磨整日，或是在大型市鎮和城市裏集聚的各類店鋪之間流連。

　　每一家店鋪都確立起自己獨有的特性，志在招徠被自家風格和琳琅商品吸引的顧客。這樣，自由百貨於1875年在倫敦開業，店內銷售從東方異域運來的傢具和各類器物，同時還有「唯美」服裝，靈感源自古代的寬鬆長裙，這在盛行的緊身束身衣之外給人們提供了全新的選擇。一些百貨公司還在其他的市鎮或

城郊開設分店，其中就有1877年全英國首家專門設計建造的百貨公司，即位於倫敦南部布里克斯頓的Bon Marché百貨。還有一些百貨公司在時髦的海邊度假區開設分店，比如Marshall and Snelgrove百貨的斯卡伯勒分店，這家店只在假日季營業。百貨公司的擴張把時尚商品帶給更廣泛的人群。大多數百貨商店都擁有自己的製衣部門，在19世紀後半葉成衣普及後，它們也開始大批銷售成衣系列。百貨商店全力構建着與顧客之間的關係，通過服務、品質和價格贏得顧客的忠誠。

這些發展不但改變了人們購買面料和服飾的方式，同時還塑造了大眾對於應該如何舉手投足、穿衣打扮的觀念。店鋪的廣告向人們展示着可被接受的審美標準，並宣傳着時尚個性的典範。這些都基於時裝的不斷傳播以及人們融入消費者社會的渴望，而消費者社會在世紀之初便已成形。儘管百貨公司代表了資產階級的理想，它們卻向更廣泛的人群敞開着懷抱。1912年Selfridges百貨在倫敦成立，它沿用了美國的方式，搭配公司標誌性的綠色地毯、紙筆、貨車，還設置了一個極受歡迎的「特價地下區」。百貨公司開放式的設計讓更多群體的人們可以走進其中，自由瀏覽。雖然奢華的店鋪也許嚇退了一些購物者，但仍有人願意努力為這些店中的奢侈品攢錢，店中顧客的尊貴身份和時髦風格讓他們無限嚮往。到了1850年代，公共交通方式的發展使得乘坐公共汽車和火車出行購

物更加簡單和便宜。大型城市中的地鐵交通讓這一過程變得更加輕鬆，也鼓勵人們把「購物一日遊」當成一種愉快而又便捷的放鬆與娛樂方式。

百貨商店極力吸引着顧客，它們綜合運用盛大的時裝秀以及令人興奮的新科技，前者把法國時裝的魅力展現在更多受眾面前。1898年，倫敦Harrods百貨安裝了第一批在樓層間運送顧客的電動扶梯，引來大批民眾並被媒體廣泛報道。20世紀早期，美國商店紛紛舉辦系列法國時裝秀，真實的模特在錯綜復雜的伸展台上穿行，在精心佈置的燈光下散發着光彩。這些華麗表演的名字讓人想到它們那頹廢與奢華的氛圍。1908年，費城的Wanamaker百貨舉辦了一場以拿破崙為主題的「巴黎派對」（Fête de Paris），呈現了法國宮廷的生動場面。同時，1911年紐約的Gimbels則辦了一場「蒙特卡羅」活動。店內的劇場建造起地中海風格的花園，安置了輪盤賭桌和其他道具，讓成千上萬的到訪者感受到了真實的里維埃拉奢華風情。百貨公司把時裝帶給普羅大眾，從布拉格到斯德哥爾摩，從芝加哥到紐卡素，不斷在時尚購物地區開業，儘管如此它們依然遠遠不是時裝唯一的來源。精英依舊定期光顧那些為自己家族世代服務的皇室製衣商和定製裁縫。微型的專業商業中心繁榮如常，且常順着新的潮流不斷湧現。譬如20世紀早期人們對鑲着羽毛的大帽子的狂熱，促使商店開始銷售鴕鳥羽毛等鑲邊裝飾。

變化的風格和流行的飾物同樣吸引着男性顧客。除了向富有男性銷售珠寶和飾品的奢侈品店，還出現了面向年輕男性的商品，這一群體迫不及待地想要花掉自新興的白領工作中賺得的金錢。和女性時裝類似，舞台上的名流也推動着男性時裝風格的傳播，此外還有越來越多的銀幕明星以及運動明星。領帶、領結、領扣、袖扣眾多顏色和圖案的不斷變化，為每一季的男士套裝帶來了活力。

郵寄購物則是另一項重大發明，特別是在美國、澳大利亞和阿根廷這樣國內城市間距較遠、親自前往購物比較困難的國家。百貨公司都有各自的郵購銷售部門，這主要得益於郵寄包裹業務的改進和有線電話的採用。芝加哥的Marshall Ward百貨擁有可謂業內最知名的郵購業務，它的產品目錄用不斷豐富的面向所有家庭成員的成衣時裝吸引着美國人。運輸方式的改進同樣推動了這一行業，貨物先後被運貨車、馬車運送，再到後來坐上火車。

因而到了20世紀的前幾十年，消費主義已經發展到覆蓋了不同性別、年齡和階層的廣泛人群。隨着1920年代大規模生產的方式得到改良，市場上銷售的時裝和飾物品類增長得也更加迅速，面對日益激烈的競爭，商店必須努力高效地銷售這些商品。已經立足的百貨商店和專賣店此時又加入席捲西方國家的「聯營店」（multiples），它們可以被看作連鎖店的一種早

期形態。美國的連鎖分店開始銷售借鑒好萊塢影星服飾的價格低廉的時裝，在全國廣受歡迎。在英國，Hepworth&Son公司從1864年建立時的裁縫鋪逐步發展到在全英擁有男裝門店的規模，並且仍舊在持續經營，如今已演變成了囊括男裝、女裝和童裝的連鎖商店Next。連鎖商店具有集中採購和制度化管理兩個優勢，可以確保價格實惠的同時管理市場營銷和廣告活動。它們力圖打造一種統一的格調，包括店面設計、櫥窗以及店員制服。20世紀後半葉，連鎖店的統治讓人們對同質化大為詬病，而且諷刺的是消費者真正的選擇變少了，但是熟悉的各個品牌在各自的分店裏為消費者穩定供應着款式、質量相同的貨品，這給消費者提供了保障。

與之相反的是，高級時裝設計師將沿襲幾個世紀的傳統和當代創新方式結合起來，繼續銷售着他們的設計作品。客人們享受着一對一的服務和個人定製，高級時裝沙龍還合併了精品店以出售成衣線早期風格的產品，還有為取悅自家這些精英顧客而特別設計的香水以及各種奢侈品。不管是只為私人顧客開放的高級時裝沙龍，還是時裝秀期間的精選店買手及他們的精品店，都運用了現代設計和陳設技術來彰顯它們的時裝潮流。1923年，瑪德琳·維奧內(Madeleine Vionnet)重新改造了她的時裝店，運用了流暢的現代主義線條和古典風格的壁畫。自1930年代中期開始，

夏帕瑞麗著手打造了一系列超現實主義的櫥窗陳列，有力宣傳了她設計作品中的才思。上面兩個例子中，這些藝術借鑒都與她們的服裝設計理念息息相關，也跟她們的品牌精神、整體包裝和廣告宣傳遙相呼應，為消費者創造出能夠一目瞭然的連貫的品牌風格。

高級時裝設計師需要投射出一種專屬形象，為每一件掛上他們名號的產品都籠上一層奢華的光環。儘管時裝已經逐漸成為全球成衣銷售行業的一件工具，許多商店依舊認為巴黎是時裝新風格的重要源頭。例如，美國百貨公司和時裝店每季都會派出買手前往法國首都採購一批「款式」，他們會取得相關許可，對這些服裝進行限定數目的複製並在自家店內銷售。這些設計在店鋪在售的系列中將擁有最高時尚地位，此外還有大致參考巴黎流行趨勢設計的其他服裝，以及不斷增加的化用法國風格的本土設計師作品。買手因而扮演了一個至關重要的角色，因為他們需要理解自己所代表店鋪的時尚形象和顧客的喜好。保持店內貨品不斷的新鮮感對於店鋪可謂至關重要。1938年，Macy's百貨副總裁柯林斯（Kenneth Collins）寫信給致力於促進美國時裝發展的時裝集團（the Fashion Group），信中說道：

> ……零售業有一條至理名言：時裝商業的成敗取決於商人迅速加入最新時尚潮流以及在潮流衰退時同樣迅速脫身的能力。

這種新潮款式的快速更新是時裝產業的立足之本。

　　薩克斯第五大道(Sakes Fifth Avenue)精品百貨這樣的大型百貨公司都會開闢幾條針對不同消費者的產品線。從1930年開始，公司銷售起老闆夫人蘇菲·金貝爾(Sophie Gimbel)設計的獨家奢侈品，並以「現代沙龍」為品牌名稱，此外還有她為公司專門從巴黎挑選的時裝。後來又有了各種類型的成衣線，包括運動服飾以及以年輕女大學生為目標人群設計的服裝，也有類似的男性時裝產品。所有這些系列綜合起來為薩克斯贏得了時尚口碑，充分展示了公司在為所有客戶群體提供美好衣飾上所體現出的審美和眼力。這些系列在店中專門設計的區域裏銷售，以反映自己的受眾及目標，公司還會在每年的幾個關鍵節點在時尚雜誌和報紙上投放廣告，促使銷量最大化。

　　大蕭條時期，許多店鋪無奈之下暫停派人前往巴黎，並越來越依賴本土發展起來的時裝。儘管經濟低迷，*Vogue*和*Harper's Bazaar*這些時尚雜誌依然為各種規模的店鋪投放廣告。不同國家版本的*Vogue*中類似「店鋪獵手」這種專欄不斷慫恿着女性出門購物，並規劃好「最佳」的購物區域還有最時髦的精品店和百貨公司。設計師和商店通過各自的媒體代理人與時尚媒體構建起密切聯繫，這些代理人努力爭取雜誌裏的廣告版面和專題報道。這種關係在接下來的幾十年中不斷延續。不過，第二次世界大戰以及隨之而來的物資短

缺中斷了商品的流通和供應。儘管大多數被捲入戰爭的國家都面臨着供應短缺因而只能定量配給，許多國家仍然堅持把消費用品的夢想作為激勵人心的遠景。

隨着經濟在1950年代恢復，新的舉措開始發展起來。其中一個關鍵例證就是倫敦的設計師自營精品店在這個十年接近尾聲時大量增長。這些店充分說明，只要充分理解受眾，知道什麼樣的衣服是他們想穿的，就算是小規模的從業者也能推出時裝。比如，瑪麗官（Mary Quant）對當代時裝現狀的失望促使她於1955年在倫敦國王大道開出了自己的「集市」，她對當代時裝現狀有着自己的困惑：

> 一直以來我都希望年輕人能擁有屬於他們自己的時裝……徹頭徹尾的二十世紀時裝……但我對時裝商業一竅不通。我從不把自己看作設計師。我只知道我一心想要為年輕人找到合適的衣服，以及與之搭配的合適的配飾。

官女士製作出許多有趣的服裝：娃娃裙、燈芯絨燈籠褲，還有水果印花圍裙裝，這些服飾幫助塑造了這一時期的時裝風格。她與同時期的設計師培育出的模仿者遍佈全球，渴望能夠利用這股年輕人驅動的大規模生產服裝的潮流。她也給未來的設計師——零售商們提供了一個發展樣本，他們將來會通過為新興青

年文化設計服裝而在全球樹立聲望。西太后Vivienne Westwood和麥克拉倫(Malcolm McClaren)的店鋪也開在國王大道上，它們變換着店鋪的內外設計以及在售服裝的款式，與不斷演變的街頭潮流保持一致。1970年代早期店鋪為售賣以「泰迪男孩」為靈感的西裝的「盡情搖滾」(Let It Rock)，到1970年代中期變身為崇尚硬核朋克美學的「煽動分子」(Seditionaries)與「性」(Sex)，最後化身為「世界盡頭」(World's End)——一間「愛麗絲夢遊仙境」風格的精品店，地板肆意傾斜，時鐘指針倒走。Vivienne的設計和零售環境風格皆是不斷流動變化的亞文化的一部分。不同的時裝風格隨着音樂、街頭文化，還有與時裝相關的藝術界的前進而湧現、變化。這種靈活性為她的店創造出一種令人興奮的群體感與流行感，汲取自各種亞文化中的「自己動手」精神進一步強化了這一氣質。正如1960年代官女士的店面，它證明了精神氣質一致的店鋪可以聚在一起促成生意，同時也能鞏固這一區域的時尚口碑。21世紀早期，紐約的字母城也出現了設計師製衣商在同一區域密集開店、薈萃一堂的盛況。

確實，西班牙連鎖品牌Zara以糅合經典款和大牌走秀款而聞名，其商業成功建立在品牌對購物區這種有機發展的戰略洞察的基礎上。自1975年開出首家門店起，Zara已經擴張到全球，在高街時尚的競爭中壓倒了其主要對手。每家Zara門店都設計得像大牌精品

店，主題鮮明的服裝和配飾搭配成組，為消費者展示各種穿搭建議。連鎖店隸屬於印第紡集團，集團旗下業務還包括Massimo Dutti、Bershka和Zara家居。它採取的策略通常是先開一家大型Zara門店並按照旗艦店模式運營，從視覺上呈現品牌精神，而後相鄰開出集團其他分支品牌的店鋪。這樣的安排鼓勵購物者在不同店鋪間來回走動，購買印第紡旗下的不同品牌，同時又能讓顧客親自感受到每一家的服裝、配飾和家居軟裝是如何相互搭配補充的。與此相聯繫的是Zara對時裝流行趨勢的快速反應，它有一支小型的設計團隊和一個緊密的生產體系，這使得新款式被發掘後能夠快速轉化生產出新的服裝，並且在人們瞭解這一新潮流後不久便迅速送達各個門店。

其他國際品牌則依靠自有設計團隊的能力來打造平價時裝，並配以名流和最新款式系列。H&M推出了許多聯名系列，有些來自Viktor and Rolf、Stella McCartney、Karl Lagerfeld這樣的設計師，也有的出自麥當娜和Kylie Minogue這樣的流行音樂明星。這些合作時裝系列通常只持續非常短暫的一個時期，引來大量媒體競相報道，並在系列發售時吸引大批購物者排隊等待購買。這一方法的成功類似於20世紀高級時裝設計師的成衣線與授權生產。高級時裝的光環被用來提升各類面向大眾店鋪的時尚感，不管是美國連鎖商店Target還是英國時裝零售商New Look。這類合

圖14　Zara門店與大牌精品店外觀相似，運用開放的臨街位置與精心調配的展示吸引消費者走進店中

作裏面最著名的大概是超模姬·摩絲(Kate Moss)與Topshop的聯名，這家英國的連鎖店從1990年代後期就開始引領着高街時尚的發展。這是一次有趣的開發，它將明星的個性特質、時裝風格和獨有的光環轉化為品牌遍佈全球各地分店裏的常規產品系列。系列中的服裝仿效了姬·摩絲私人衣櫥中的單品，既有古董服裝又有設計師作品。姬·摩絲自己就堪比一個品牌，用來營銷這些產品，甚至還啟發了新的裝飾元素，其中就包括她背上那對燕子紋身，這一圖樣如今已然裝點在牛仔褲、襯衣等各種服裝上。名人與時裝之間的聯繫起碼自18世紀以來就十分明顯，如今這種聯名合作更是前所未有地深化了這一聯繫。

這一合作充分展示了20世紀晚期以來奢華服飾與大眾時裝之間愈來愈模糊的界限。在英國，姬·摩絲聯名系列在Topshop自營的高街店鋪進行銷售，人們因此將其視為某種由時尚引導卻毫無疑問是大批量生產的拋棄型時裝世界。紐約則不太一樣，這些系列只在獨家精品時裝專賣店Barney's發佈，被賦予一種專屬奢華品牌的氣質，與全球各地知名高級時裝設計師品牌一起售賣。

這種高級時裝與大眾時裝的混淆，實際上是過去150年來成衣時裝不斷發展壯大以及高街時尚產品強大的時尚化設計理念共同作用的結果。當消費者更加自如地將古董服飾、設計師時裝、廉價高街服裝還有自

己在市場上淘來的單品混搭在一起時，這些服飾品類的分界在某種程度上已然消解。雖然價格依舊是最顯而易見的差異，但差異更多地體現在消費者將它們搭配出有趣而充滿個性造型的能力，而不是堅守哪種衣服更加體面的固有觀念。這一變化不單單體現在高街時尚的發展上。1980年代起，奢侈品牌開始擴張自己的領域，從只為精英服務的小型精品店發展到建立在大城市裏的巨型旗艦店，同時也開始在免稅店和專門銷售過季超低價時裝的購物中心裏售賣自己的產品。

20世紀晚期，像Gucci這樣的奢侈品牌已經發展成為龐大的企業集團，並很快將遠東地區認定為自己產品的重要市場。商店不僅開設在日本與韓國主島，還同樣開設在時尚人群的度假勝地。包括夏威夷在內的旅遊目的地的酒店匯集了各家奢侈精品店，以供年輕富有的日本女性購物。綜合的廣告大片中，Burberry和Louis Vuitton這類老牌特有的經典傳承與Christopher Bailey、Marc Jacobs這些新任年輕設計師為品牌強化的前衛時尚形象得到了恰到好處的平衡。包括高端電商網站頗特女士（net-a-porter.com）在內的網上時裝商店使購買這些大牌時裝更加簡便。許多網站採用了雜誌式的排版，提供獨家商品、時尚新聞與風格參考，展示最新時裝系列的大片和視頻，並就如何打造全身造型提出建議，所有顯示單品都附有購買鏈接。

到了21世紀之初，東方已經成為大眾服飾和奢侈

品時裝的中心。這裏既製造着供應本地市場的服裝產品，也供應着全球大部分其他地區的產品線，日益富裕起來的市民對購買時裝也熱切起來。先後擔任Gucci和YSL創意總監的福特（Tom Ford），認為這標誌着時裝的國際平衡出現了根本性變革。托馬斯（Dana Thomas）在《奢華：奢侈品為何黯然失色》（*Deluxe: How Luxury Lost its Lustre*）一書中引述了福特的評論：

> 本世紀屬於新興市場……我們（的事業）在西方已經到頭了──我們的時代來過了也結束了。現在一切都關乎中國、印度和俄羅斯。這將是那些歷史上崇尚奢華卻很久沒有過這種體驗的眾多文化重新覺醒的開始。

然而，時裝產業各個領域的全球化進程引發了一些道德議題：一方面，遠離公司管理中心進行生產製造活動可能存在勞動力壓榨問題；另一方面，大品牌統治世界絕大多數市場後，消費社會帶來的同質化結果也引發了人們的擔憂。

第五章
道德

1980年成立於美國的善待動物組織(People for the Ethical Treatment of Animals, PETA)如今已成長為保護動物權益的全球壓力集團。它發起的運動涵蓋了許多與時裝相關的議題，強迫人們正視動物產品的使用，例如皮草和羊毛製品。2007年的一張宣傳照展示了英國流行歌手、模特蘇菲(Sophie Ellis Bextor)身著一襲優雅黑色晚禮服的形象。她的面龐妝容精緻：鮮紅的雙唇，白皙的皮膚，化着煙薰濃妝的眼睛。

再看下去，這個「蛇蠍美人」(femme fatale)的造型就名副其實了：她單手拎着一隻慘死狐狸的屍體，它的皮毛已被剝掉，露出猩紅的血肉，頭顱怪誕地耷拉在身體一側。下方的標語寫道：「這就是你那件皮草大衣剩餘的部分」，進一步強化了支撐皮草生意的殘酷這一信息。這張宣傳照的整體美學風格基於懷舊的黑色電影影像，而1940年代的電影女主人公卻經常肩頭圍裹著狐裘披肩，以作為奢華與性感的象徵。PETA顛覆了觀看者的期待，讓人們不得不直面皮草背後的殺戮和恐怖。

其他的印刷品和廣告牌宣傳照也運用了名人面孔與熟悉圖像的類似組合，以及揭露時裝產業陰暗面的這種並置所帶來的衝擊。這一組織的目標就是要迫使消費者認清時裝大片和營銷手段那愉悅感官的表象背後究竟發生着什麼，並讓人們學會審視服裝生產的方式和相關過程。PETA的標語運用極富衝擊力的直白廣告語言組織出令人記憶深刻的口號，並進入人們的日常口語。典型的例子包括揭露皮草交易核心矛盾的那幾句諷刺的雙關語：「皮草是給動物準備的(Fur is for Animals)」，「裸露肌膚，而不是穿著熊皮(Bare Skin, not Bear Skin)」，還有提倡將紋身作為另一種時尚身份象徵的「用墨水別用貂皮(Ink Not Mink)」。

PETA對動物皮毛這一主題的關注意味着這些作為皮草來源的鮮活生命間的關聯將被持續不斷地再現。1990年代中葉，它曾做過一場著名的「寧可裸露，不穿皮草(I'd Rather Go Naked Than Wear Fur)」的宣傳運動，請來一眾超模和名流，她們褪去華服，立於巧妙安排的標語牌後。這些圖片按照時裝大片的風格設計製作。雖然身上一絲不掛，畫中人仍舊被精心打扮和打光，以突出她們的「自然」美。通過模特、演員和歌手的「本色」出演，她們自身的文化地位和價值觀與PETA的宣傳號召力之間形成了一種直接的連接。它傳遞出這樣一種信息：假如這些廣受歡迎的專業人士都拒絕皮草，那麼普通消費者更應該如此。

圖15　PETA使用醒目的圖像與富有衝擊力的方式揭露皮草交易的殘酷

當然也有一些失足之人，比如娜奧美‧金寶（Naomi Campbell），她在1990年代末脫離PETA，很快就喜歡上了皮草製品還有狩獵，但這些人也沒能削弱PETA傳遞信息的強大影響力。21世紀初，包括演員門德斯（Eva Mendes）在內的一批新人與PETA簽約。製作的圖像包括名人裸身懷抱兔子的「放過兔子（Hands off the Buns）」宣傳圖。

PETA提升了時裝產業對動物權利的認知。對於那些被該組織認定對時裝中皮草的持續使用負有責任的對象，PETA成員闖過秀場，灑過顏料，還扔過轟動一時的冰凍動物屍體，此外也推動制定了針對羊毛貿易中對待山羊的新法規。PETA活動者的工作不僅強調了皮草貿易中不必要的殘酷，同時還闡明了皮草如何常被錯誤地當成一種「天然」產品供人穿著，而事實是絕大多數皮草來自人工養殖，一經從動物身上獲取，還需要經歷各種化學處理以去除上面粘連的血肉，預製成待用的面料。

儘管PETA的目標令人欽佩，但他們所採取的方式引發了更多的道德問題。這一組織對時裝視覺語言以及更廣泛的青年文化的借用，致使人們指責它打着動物權利的旗號而持續對女性性化剝削。舉一個著名的例子：英國「尊重」組織（British-Based Respect）1980年代的宣傳圖「一頂皮帽子，兩個壞了的婊子（One Fur

Hat, Two Spoilt Bitches[1])」，畫面展示了一名模特身披一件死去動物製成的披肩，人們認為這一宣傳照全然將女性當成了愚蠢、性感的物件。這種對立給宣傳想要傳遞的信息帶來了問題。有人認為這也可以被解讀為博人眼球的另一種途徑，讓人直面穿著皮草這一行為的疏忽，通過令人瞠目的方式使人警醒。然而，為了做到這一點，它採用了主導當代多數廣告的極富性意味的視覺方式。這一爭議突顯了這些宣傳中自相矛盾的推動力。在大量的注意力關注一個倫理問題的同時，另一個同樣重要的道德議題也被人們接受並且充滿爭議地信奉為現狀。

時裝產業的地位是模稜兩可的。它既是一個利潤豐厚的跨國產業，是許多人汲取愉悅的源泉，但同時又引發了一系列的道德爭議。從對女性形象的描繪，到服裝工人被對待的方式，時裝兼具代表其當代文化之精華與糟粕的能力。因此，一方面時裝可以塑造與表達另類以及主流身份，另一方面它又是如此專制、冷酷無情。時裝所熱衷的組合與誇大有時會破壞和混淆，或者甚至強化負面行為和刻板印象。時裝對於外表的關注導致它常常背上膚淺與自戀的罵名。

座落於洛杉磯的T恤生產商AA美國服飾（American Apparel）是另外一個典型的例子。公司宗旨自1997年成

---

1 Spoilt Bitches為雙關，spoilt有「損壞」和「寵壞」兩重含義，bitches也有「母獸」和「婊子」兩層意思。——編注

立之初便是致力於擺脫生產外包，試圖打造「非血汗工廠」生產線。與其他專注基本必備款的品牌不同，這一品牌拒絕在發展中國家生產服飾，因為這些地方很難保證對工人權利與工廠環境的管控。相反，AA美國服飾選擇用本地工人，通過這樣的方式回饋當地社區。品牌店鋪請來本土、國內知名的攝影師進行店內展覽，店裏那些酷酷的和都市感十足的基本款在各國市場大受歡迎。品牌的廣告宣傳強化了其道德認證，關注工人群體，常常請自家店鋪中的店員及管理職員來做廣告模特。

但品牌運用的圖片風格卻再一次引發了廣泛的批評。AA美國服飾的老闆查尼（Dov Charney）喜歡一種類似快照式的攝影風格 —— 少男少女的偷拍照，他們常常半裸，對着鏡頭扭曲着身體。沃爾夫（Jaime Wolf）在給《紐約時報》撰寫的一篇文章中曾寫道：

> 這些廣告同樣充滿了強烈的暗示意味，不僅僅因為它們在畫面中展示了內衣或是緊緊包裹身體的針織衫。畫面中的這些少男少女躺在床上或是正在淋浴；如果他們正悠閒地躺在沙發裏，或是坐在地板上，那麼他們的雙腿則恰好是張開的；他們身上往往只穿著一件單品，否則便是一絲不掛；兩三個少女看上去處於一種過度興奮的歡愉狀態。這些畫面有一種閃光燈照射的低保真的悶熱感；它們看着不

像是廣告，更像是某個人的聚友(Myspace)主頁發佈的照片。

這種美學並不新鮮；它借鑒了1970年代戈爾丁(Nan Goldin)以及克拉克(Larry Clark)的青年文化圖像。時裝圖片也不是頭一回運用這種美學：Calvin Klein數十年來也組合運用了類似博人眼球的年輕模特大片來宣傳自己的簡潔設計。這一美學滲透影響了各類時尚雜誌和網上社交網站，當然也包括AA美國服飾自己的網站，它在頁面上將圖片按系列劃分展示，方便訪問者瀏覽翻閱。因而在這些模特生活化的姿態以及隨意的性感中，他們運用了一組熟悉的視覺符號。

　　AA美國服飾在視覺形象中運用的享樂、性感美學或許會讓人以為這是一家面向年輕群體的公司，但它又與傳統觀念中關注道德議題的「令人起敬」的公司應該被呈現的方式格格不入。就像抵制皮草的廣告那樣，當一件產品或某個事業被置於道德層面上，對於潛在曖昧且性感的圖片的使用尤其容易遭到公眾的批判。如果當代價值觀中的某一方面被人們提出，它也會提高人們對某一組織或品牌產出成果各個方面中潛在問題的意識。儘管AA美國服飾使用的圖片與品牌所面向的年輕群體的口味相投，可與此同時它卻運用了業餘的情色美學，這種美學廣泛影響了21世紀初期的文化。鑒於時裝產業的道德地位如此令人擔憂，而它

在構建當代文化中扮演的角色亦受到重重質疑，人們能察覺到傳播手段和表現方式會破壞道德信息和行為也不足為奇了。身份與反叛與時裝生產方式相關的道德議題自19世紀晚期以來引發了大量的關注，而推動早期批評的卻是時裝改變一個人外貌的種種方式。人們的道德擔憂主要集中在時裝的伎倆上，它既提升了穿著者的美貌或是身份，又混淆擾亂了社會禮儀以及可接受的穿衣打扮、行為舉止的方式。時裝與身體的密切關係以及服飾對身體缺陷的修飾功能，同時又為身形增添了感官誘惑力，這加劇了衛道士們的擔憂：既擔憂着裝者的虛榮，又擔憂觀看者受時裝的影響。歷史上，相比想要讚美時裝的文字，有更多文字認定時裝意味着自戀、傲慢和愚蠢。比如14世紀的文字和繪畫都認為過份注重外貌是罪大惡極，因為不管對男人還是女人而言，這種行為都標誌着他們的頭腦只在乎表面和物質而對宗教默禱不屑一顧。著裝者用時裝創造出新的身份，或是顛覆應當如何著裝的傳統觀念，這意味着時裝挑戰了社會和文化邊界，並且讓觀者感到迷惑。這些焦慮始終佔據着中心地位，在那裏偏離規範極有可能會給時裝和它的信奉者帶來道德上的憤恨。

　　雖然人們希望體面的女士男士在他們的著裝中展示對當下潮流的意識，但對細節過多的關注卻仍然是個問題。同時，人們也認為時裝對老年群體、底層階

級來說不合時宜。儘管如此，這些看法也沒能阻止時裝的傳播。17世紀，本·瓊森（Ben Johnson）在他的喜劇《艾碧辛，或沉默的女人》（*Epicoene, or The Silent Woman*）裏就作了評說，揭示了使得時裝含糊不清的一些關鍵問題。劇作中，外表平平的女性被認為更加品行端正，而外表美麗的女子則被指責勾引男人。劇中同樣譴責了試圖追趕時裝和美妝潮流的年長女性。劇中人物奧特評價自己的妻子：

> 那麼一張醜惡的臉！她每年還花我40鎊去買那些水銀和豬骨頭。她所有的牙都是在黑衣修士區做的，兩根眉毛是在斯特蘭德大街畫的，還有她的髮型是在銀街弄的。這城裏每一處都擁有她的一部分。

這種可以花錢買到美貌的觀念，在這部劇裏包括能夠把臉變成時髦蒼白色的水銀，深深突顯了時裝與生俱來的表裏不一。奧特夫人（Mrs Otter）的購物之行意味着她的外貌更多地屬於流行的零售商而非自然天成。因此，她不僅是在欺騙她的丈夫，還愚蠢地花着大把的錢想重回青春。

　　這一主題在接下來的各個時期裏通過佈道詞、宣傳冊、專著以及繪畫不斷發展。18世紀晚期到19世紀初，諷刺畫家，最著名的有克魯克香克和羅蘭森（Cruickshank and Rowlandson），畫過一些裝上假髮、

精心打扮了的年長女人，她們的身子用各種墊料和箍圈重新塑形，打造出身體曲線，使其符合當下的審美理念。1770年代，人們取笑最多的是高聳的假髮頂上還插着一英尺長的羽毛；接下來的十年裏，嘲笑聲則轉向裙身背後的臀墊；到了世紀之交，又開始嘲弄本就纖瘦的女子在身著最新潮的筒裙後看上去更加瘦弱，奚落豐腴的女士穿著同樣的流行時裝則看起來更加臃腫。

這種種批評反映了人們對女性、女性身體以及女性社會地位的態度。女性當然被視為不如男性重要，衛道士們還要監督着她們的衣著、儀態、禮儀還有舉止。社會階級同樣扮演了重要角色，人們對精英階層和非精英階層的女性有着不同的標準與期望。有一點極為重要，所有女性都應當保持體面的形象，將自己與風塵女子清晰地區別開來，避免讓自己的家人蒙羞。因此，女人必須精心考慮如何使用時裝；過多的興趣容易引人非議，可興味索然也會導致女性遭人質疑。時裝在性別塑造中扮演的角色意味着它對於人們對自己的個人與集體身份的投射是一個關鍵元素。男人們因為時裝選擇而受指摘的情況要少得多，但他們依舊必須維持好與自己的階層和地位相一致的形象。然而，那些過於熱衷時裝的年輕男子們確實也會遭到強烈的道德譴責。18世紀初，《旁觀者》(*The Spectator*) 雜誌把熱衷打扮的學生描述為「一無是

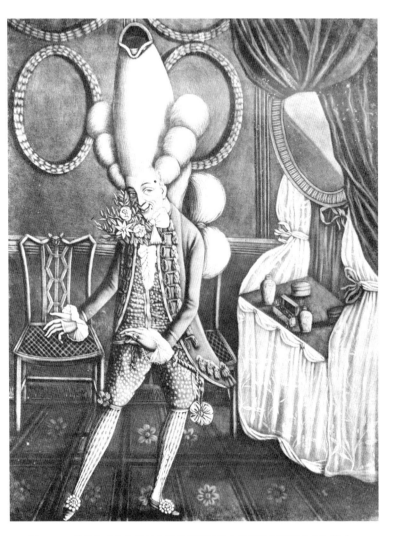

圖16　18世紀的「紈絝子弟」因他們浮誇的衣著風格與忸怩的行為舉止

處」，像女人一樣，「只會以『衣』取人」。這或許是男士時裝在色彩、裝飾及款式上已然絢麗紛繁的最後一個時代了，因此想要反叛則需要更大的努力。正如《旁觀者》所指出的那樣，要做到這一點就是要挑戰社會預期，甘冒被斥娘娘腔的風險。

這類男性多數都遭遇過性取向甚至是性別的懷疑。1760年代到1770年代，這批「紈絝子弟」（Macaronis[2]）與他們最直接的前輩「花花公子」（Fops）一般，招來諷刺畫家和批評家的嘲笑。這些以意大利面命名的年輕男子用色彩艷麗的衣著炫耀着自身與歐洲大陸之間的種種關聯。他們的服飾誇張地演繹着當下的時裝潮流，以超大號的假髮為特色，有時還會撲上備受譏諷一些或紅或藍的粉，而不是常見的白色。他們身穿的外套剪裁極為貼身，形成曲線延伸到身後，且常常被描繪成一副姿勢做作的樣子。「紈絝子弟」們在許多方面都冒犯了男子氣概的典範；他們被認為柔柔弱弱，既不愛國又自負虛榮。各種組織鬆散的過於時髦的年輕男子群體取而代之，每一個群體的打扮都極力誇耀着自己的與眾不同，並反叛着社會觀念。其中包括法國大革命時的「公子哥」（Incroyables），還有19世紀英國的「時髦人士」（Swells）和「花花公子」（Mashers）以及美國的「時髦男」（Dudes）。每一個群體都運用誇張的打扮、異域風

2　原意為「通心粉」。——編注

情的時裝以及對髮型和配飾的格外用心來突顯自我風格，並以此聲明他們要挑戰傳統的男性典範，因而也是挑戰現狀。

自1841年開始，《笨拙》（Punch）雜誌就喜歡在嘲諷時裝中找樂子，另外也刊載一些以時尚的名義穿著襯裙、束腰和裙撐以將身體扭曲成精緻形態的女人的圖片。伴隨這些譏諷評論的還有醫生的嚴正警告——穿著鯨骨束身衣將會危害女性的身體健康，但這些聲音卻幾乎無法削弱這類服飾的受歡迎程度。性別依然是一個主要的問題。為了女性化的形象，女性必須穿著這些內衣，可她們又因為穿著這些束身衣被人們指責為不理智。這種雙重束縛又擴展到那些被視為過份男性化的服裝，哪怕它們比起高級時裝更為實用。1880年代，當女性走上白領職位，她們身著的所謂定製服裝，即基於男式西服改造但加上裙裝的套裝，被認為將女性轉變成了男性。的確，在所有這些例子中，服裝確實被看作穿著者性別、性向、階層以及社會地位的一種標誌，任何不明確都可能引起誤解與指責。

這一點清晰地體現在長期以來人們認定女性不應穿褲子的觀念中，這一觀念認為女人穿褲子是對性別角色的擾亂，暗示着女人一心要奪取男人的支配地位。種種擔憂一直延續到20世紀。1942年，女演員阿萊緹（Arletty）在巴黎目睹的穿著褲裝的女性人數令她

大為驚駭。雖然正處戰時的艱難日子，她仍舊認為不應為這種行為找任何理由，並且：

> 對於那些完全有辦法買到靴子和大衣的女人來說，選擇穿褲子簡直不可原諒。她們無法給人留下任何好印象，而這種缺乏自尊的行為只是證明了她們糟糕的品味。

這個例子不僅揭示了缺失女性特質可能給人帶來的恐慌，同時也強調了類似這樣的道德指摘中的社會因素。身處某些特定職業之中的勞動階級女性，包括採礦業和漁業，自19世紀以來就穿著褲子或馬褲。然而，她們實際上都隱形了：字面意義上，絕大多數身處她們日常職業環境之外的人根本看不到她們；隱喻意義上，全然是因為中產階級和精英階層根本無視她們。

在對時裝如何可能掩蓋一個人的本來地位甚至炫耀其地位以作為對權威的挑戰的種種道德擔憂之中，階級是一個恆久的主題。到了20世紀，人們素來對蔑視中產階級體面與禮儀理念的服裝的質疑，此時又因眾多故意挑釁的亞文化群體的崛起而加劇。在1940年代初的法國，「先鋒派」(Zazous)群體中男男女女細節豐富的西服套裝、墨鏡，以及美式髮型與妝容引起了社會的驚慌。大眾與媒體對他們穿著的憤怒集合了一系列常見的問題。他國的時裝風格在本國人看來是

不愛國的，尤其是當時正處在戰時的大環境下，即使美國人身為盟軍。他們誇張的服飾和妝容打破了基於階級建立起來的優雅品味的觀念，同時張揚着好萊塢彰顯自我的浮誇風格。雖然他們的風格一直只限於一個數量很少的年輕人群體，但「先鋒派」對電影明星時裝的效仿以及對爵士樂的熱愛卻是對法國文化的一種視覺和聽覺上的對抗，而此時的法國正處於被納粹佔領的威脅之中。

接下來的數十年中，青年文化持續上演着對關於行為表現的社會規範的破壞。在英國，階級在塑造亞文化的本質上扮演了至關重要的角色。1960年代，「摩登族」模仿中產階級的體面打扮，穿上了整潔、合身的西服套裝，而「光頭黨」(Skinheads)則基於工裝強化了這一風格，顯示出強烈的工人階級身份。在這幾個例子中，青年文化都是在群體成員對於新奇事物的探索，以及對某種音樂風格的熱衷這兩者合力推動下發展的。到了21世紀早期，工薪階級青年以及無業青年中出現了一個影響更廣的群體。Chavs[3]總是被人們指責毫無品味，原因就是他們對身上醒目的品牌會不自覺地炫耀，對中產階級所秉持的時尚理念也毫不尊重。媒體報道暴露了根深蒂固的階級偏見，這個詞很快就與政府住宅群的青少年犯罪產生了關聯。Chavs身上具有攻擊性的運動裝與工人階級負面的刻板

印象聯繫在一起，成為一種可以輕鬆識別的內城區不法分子的視覺體現。

　　媒體對青年風格的每一種新形象的指責，展現了破壞現狀的反叛行為所能帶來的巨大影響。在日本，東京的原宿地區從1980年代開始就一直是街頭時尚的焦點，青年人群從這裏衍生發展出了許多穿衣搭配的新方式。少女顛覆了傳統觀念中的女性形象，創造出令人驚嘆的新風格，從種種來源中自由地組合各種元素，其中包括高級時裝、過去的亞文化、動漫以及電腦遊戲。事實上，她們這種混合的時裝風格反映了電腦虛擬角色中天馬行空的個人形象設計，後者在遠東地區極受歡迎。原宿的街頭時尚公然反抗了父母期望中女孩應當展現出的端莊矜持的形象。流行歌手史蒂芬妮（Gwen Stefani）打造了「原宿女孩」四人舞團，在她的音樂錄影帶、演唱會現場演出，給這些風格又添上一層爭議。韓裔美國喜劇明星Margaret Cho曾經批評過史蒂芬妮對這種亞洲時裝風格的不恰當使用，認為她對這些「原宿女孩」的利用極其無禮，她強調：「日本校服有點像扮黑人時用的化妝品。」她的意思是這些舞者代表了一種種族身份的刻板印象，不過是用來為白種人的表演增加氣氛罷了。史蒂芬妮的時裝風格本身受到了日本街頭時尚的影響，但她這些伴舞把這種風格做了進一步的演繹。她們的存在確實不僅體現了對服裝借鑒國外風格的擔憂，更重要的是究竟

誰有權濫用這些時裝風格，同時還有對將種族形象刻板化的道德擔憂。

此種擔憂的另一個不同表現是，人們對選擇戴着希賈布頭巾以作為宗教信仰與種族身份標誌的年輕穆斯林女性的那種困惑又常常有些過激的反應。後「九一一」時代裏人們對於伊斯蘭教的恐懼，加上公眾以及媒體認為這種外在區別屬行為失範的觀念，使得在某些法國學校女孩被禁止戴希賈布頭巾。這引發了人們的抗議，也更加堅定了部分穆斯林女性對於希賈布頭巾重要性的信仰，它不僅是她們宗教信仰的象徵，也是對西方理想中的女性特質以及當代時裝裸露身體的一種質疑。

這一議題使得在一些極其特定的案例中，針對少數族裔群體衣著和外貌展示或處理方式的道德抗議更加尖銳。模特圈子對非白人女性的忽略是行業內的一個重要問題。儘管媒體一直在抗議，雜誌有時也會做一些一次性的特輯，例如意大利版 *Vogue* 2008年7月刊的所有專題大片全部使用黑人模特，但白人女性依舊統治着天橋，時裝攝影和廣告也不例外。作為非裔英國人的一員，行業頂級的模特卓丹・鄧(Jourdan Dunn)曾說過：「倫敦並非一座完全由白人構成的城市，那麼天橋上為什麼一定要都是白人呢？」時裝業對多元性的這種固執的無視，恰好是廣泛文化範疇內固有的種族主義的表徵。真實的模特以及她們在時尚雜誌中

的形象展現，迫切需要時裝產業改變原有的態度，真正意識到繼續只關注白人模特是不被接受的。

規則與變革

伴隨着對時尚圖片中男性，尤其是女性的表現方式的抗議，各種試圖控制或管理時裝生產與消費的嘗試也不斷出現。文藝復興時期，禁奢法令一直被強制實施，通過限制特定群體使用特製面料或裝飾類型來保持階級區分，或者是強行向民眾灌輸節儉觀念。例如，意大利通過立法來管制人們在諸如婚禮等儀式上的著裝，同時也限制了不同階層女性領口所允許裸露肌膚的尺寸。這些法令定期在整個歐洲實行，但效果依然有限，畢竟其監管實在難以實現。正如基勒比（C.K. Killerby）在提到表達了對服裝過度展示的社會擔憂的意大利法律時寫道：「這些法律本質上就是在自欺欺人：通過法律禁止奢侈品剛好採用的一種形式只會催生新的形式以避免迫害。」由於時裝始終處在變化之中，雖然早期的變化速度稍慢一些，立法速度難以跟上這些變化的節奏，而且如基勒比所言，這些穿衣人同樣富有創意，通過改變服裝的款式以規避法律，並創造出某種時裝風格的全新形式。

禁奢法令在17世紀式微，雖然它們在二戰時期有過復蘇且成效甚著。早期對外來貨物的進口禁令是出

於經濟與民族主義的原因，但二戰的時間跨度與範圍意味着許多類似的法令又因海空戰爭大肆展開之後嚴格的國際貿易限制而加重。物資短缺導致許多參戰國實行定量配給。1941年，英國通過發行全年可兌換服裝的服裝券來管制服飾的生產及消費。每個人所分得的服裝券數量在整個戰期及戰後期有所變化，但它們卻對獲取衣飾實行了非常嚴格的限制。英國、美國以及法國的法規還規定了服裝生產中允許使用的面料用量，並大大削減了可以使用的裝飾數量。獲取時裝的這一嚴苛的轉變在英國公共事業計劃的推動下得到了緩和，這一計劃僱用了包括赫迪・雅曼(Hardy Amies)在內的許多知名時裝設計師，設計出既遵守法律規定又時髦有型的服裝。然而，新衣服的匱乏意味着人們很難規避戰時的限制法令，公眾與媒體對過度鋪張也持嚴厲態度，認為這種行為缺乏愛國精神，與全民抗戰的努力背道而馳。

戰後，蘇聯陣營國家得以延續對時裝的這類限制，並試圖給時裝加上反社會主義的罪責，這在各國收效不一。東德的賈德・施蒂茨(Judd Stitzel)寫道：

通過將女性作為消費者的權利與她們作為生產者的角色聯繫起來，並且將理性的「社會主義消費者習慣」作為一種重要的公民素質來宣傳推廣，官員努力引導與控制着女性的消費慾望。

然而，根據職業特點設計製造的服裝，包括圍裙和工裝等，吸引力非常有限，而且正如在其他社會主義國家中一樣，包括捷克斯洛伐克，在更具功能性的時裝風格之外還發展出一種國家許可的時裝與時裝意象的不穩定的結合體。這些想要革新時裝並實現服裝的道德形式的嘗試順從了19世紀服裝改革家的倡導，比如耶格爾（Gustav Jaeger）博士，他提倡無論男女都應當抵制時裝的過度鋪張，並使用天然纖維的服裝，還有歐洲、斯堪的納維亞半島以及美國的女權主義者，她們呼籲服裝應具有更大的平等與理性。

這些旨在管制服裝並創造出不傷害動物、人和環境的服裝的推動力在20世紀晚期和21世紀初的形式開始逐漸進入主流觀念，同時也融入商業時裝之中。在嬉皮士以及與之相關的1960年代至1970年代尋求更為天然的時裝以及關注道德議題的運動刺激之下，21世紀之交設計師與頂尖品牌努力地調和着消費主義的發展與人們對更周到的時裝設計與生產需求之間的矛盾。自20世紀早期開始，人們採取了一系列措施來管理工人的薪資與工作環境。這是由1911年紐約三角大樓製衣廠大火等事件推動的，其中有個移民工人喪生。沒人知道這間工廠中有多少轉包工人，他們領着微薄的薪水，在擁擠逼仄的環境中工作，這意味着許多人根本無法從躥出的大火中逃生。雖然類似的事故引發了針對血汗工廠的廣泛抗議以及對最低薪資保障

的呼籲，這樣的現象直到今天仍舊未能徹底消除。隨着大城市租金上漲，大批量生產向更偏遠地區轉移，最終遷到了南美洲和遠東地區更為貧困的國家，那裏的勞動力和房屋都更為廉價。所謂的「快時尚」，即品牌竭力供應着的時裝秀上剛剛展示的最新時裝，引發了激烈的競爭，這些品牌要不斷以盡可能的低價在全年投放新的款式。

熱門的高街品牌使用僱用童工生產的供應商這一行為一直以來遭到了各種控訴。2008年10月，英國廣播公司(BBC)與《觀察家報》(*The Observer*)做了一篇報道，指稱廉價品牌Primark的三家供應商使用印度難民營中的斯里蘭卡幼童，在極端惡劣的工作條件下為T恤衫縫製裝飾物。意識到自己的處境後，普利馬克立即解除了與這批供應商的合約，但報道揭示了當代時裝產業中的一個核心問題。廉價服飾的便宜易得讓人們對時裝的獲取更加民主化，可是又變相鼓勵着消費者把服裝當作短期消耗品隨意拋棄，再加上生產廉價產品的激烈競爭，自然使得剝削成為潛在的後果。面向大眾的時裝連鎖品牌都宣稱，是巨大的銷量使得它們的服裝價格變得親民。但是，這一模式中卻存在着道德以及人力的成本，因為供應鏈正變得越來越分散，越來越難以追蹤。記者丹·麥克杜格爾(Dan McDougall)是這樣說的：

英國現在有句話叫「急衝到底」（rush to the bottom），就是人們用來形容跨國零售商僱用發展中國家承包商的行為，這些承包商通過偷工減料來為西方出資人壓低補貼，提升利潤。

Primark並非面臨非議的唯一連鎖品牌；其他品牌，包括美國的Gap，它們的供應商同樣出現了許多問題。像英國「人樹」（People Tree）這樣的品牌因此力圖避開上述商業模式，它們與自己的供應商建立起密切的聯繫，努力地創造可持續的生產模式，在那些生產其產品的國家裏為當地社區造福。更大的品牌，比如AA美國服飾，也採取行動，通過使用本地工人來防止出現血汗工廠現象。這兩個品牌還努力使用對環境影響較小的面料。牛仔與棉花生產中漂白與染色工藝的毒害，促使有機和非漂白產品在市場各個層面上湧現。與前幾十年生產的早期產品不同的是，如今的生產商意識到，即使對於合乎道德的產品而言，消費者也會期待它們有時尚的設計價值。小眾品牌像是Ruby London在其產品中加入時髦的有機棉緊身牛仔系列，瑞典品牌Ekovarnhuset除了自有產品線還出售其他生態時裝品牌，創造出既時髦又環保的服裝。甚至H&M、New Look、瑪莎（Marks and Spencer）這樣的大品牌都引入了有機棉產品線。高級時裝也開始涵蓋越來越多的合乎道德的品牌。麥卡特尼（Stella McCartney）拒絕使

用動物皮草或皮革，丹麥品牌Noir的設計師則把前衛的時裝風格與嚴格的道德經營方針結合起來，方針包括支持生態友好面料的發展。

此外也有一些設計師提倡「減少購買」但投資使用週期更長且較為昂貴的單品的理念。這種「慢時尚」理念下的產品系列就有馬吉拉(Mattin Margiela)純手工製作的「手工」系列服裝。《紐約時報》的記者利姆南德爾(Armand Limnander)分解了這些奢侈品的相對成本後計算得出：以一件Raf Simons為極簡風格品牌Jil Sander設計的定製男士西裝為例，它的定價為6000美元，需要花費22小時製作完成，也就是說平均每小時單價為272.73美元。儘管這一算法並不能預算出每一次穿著的成本，它卻倡導人們轉變態度，拒絕快速變換的流行風格與按季購置最新時裝的行為。然而並非所有人都負擔得起這些必需的初始投資。

不過，慢時尚指出了人們試圖讓時裝更符合道德準則所做的努力中的一個核心問題：消費本身就是問題癥結所在。時裝給環境造成的影響覆蓋了一系列問題，從棉花等天然纖維種植過程中的生產方法與行為，到大眾消費主義以及公眾對新款時裝的渴求。

日本連鎖品牌無印良品(Muji)的再生紗線針織服裝系列提供了一種解決方案；巴黎的馬里籍設計師比約特(XULY Bët)在設計中使用回收的舊毛衣則是另一種思路。這些服飾都依賴二手織物與服裝，可以視為

對20世紀末轉向古著與跳蚤市場購置時裝行為的一種配合。這些時裝對環境的影響更小，並減少了生產過程，但它們不太可能完全取代現有的時裝產業，尤其是考慮到它巨大的國際化範圍還有與其生產與營銷息息相關的巨額資金。

道德購物本身也存在着異化為一股時尚潮流的風險。隨着全球經濟在21世紀頭十年裏衰退，許多報道不斷質疑着「衰退時尚」(recession chic)與「感覺良好消費主義」(feelgood Consumerism)這類理念，它們建立在人們購買有機或符合道德準則生產的服裝時內心的美德體驗，即使他們的購買實際上並非必需。問題停留在消費者是否自願擁有更少物質，並減少把購物當作某種獲取休閒與愉悅的渠道的行為，以及道德化的品牌是否能堅持對應該購買何種產品的評判並維持自己的發展。

遍佈全球的仿製品市場兜售着最新款的"It"手袋複製品，表明了身份象徵具有永恆的吸引力，以及時尚能夠誘發人們對具有奢華與精英風格物質的渴求。隨着時裝覆蓋了所有社會層次，並吸納了國際知名品牌，監管其生產或管制其消費都變得越來越困難。想要實現這一目標，只有靠大規模重組社會與文化價值觀，並變革全球化產業模式。這一產業在數世紀以來不斷成長，引誘消費者並滿足他們對服裝觸感與視覺魅力的慾望。

圖17　遠東地區的許多市場出售奢侈品牌It手袋最新款仿製品，價位僅為真品市售價格的零頭

第六章
全球化

曼尼什·阿羅拉(Manish Arora)2008–2009秋冬系列以藝術家蘇伯德·古普塔整齊佈置的不鏽鋼廚具裝置藝術為秀場背景。這一金屬佈景為那些關於印度文化的陳詞濫調作了一次諷刺的註解。古普塔閃閃發亮的陳設同時也預示了阿羅拉時裝秀中主導的冰冷的金銀色調。他的模特被裝扮成未來女戰士的模樣，並混合運用了許多歷史元素，創造出金光閃閃的胸甲、硬挺的超短裙，還有接合的下裝。羅馬角鬥士、中世紀騎士以及日本武士形象都得到呈現，並通過帶刺的面具來強化充滿力量的形象。這些來自各國的靈感元素，在阿羅拉標誌性的色彩明艷的三維刺繡、珠飾及貼花工藝之下，被發揮得淋漓盡致。這些工藝進一步體現了其融匯古今的手法，它們展示了傳統的印度工藝，使用光彩奪目的Swarovski水晶來增強效果。

阿羅拉的合作者也一樣豐富多元。日本藝術家田明網敬一使用大眼娃娃和奇異野獸等迷幻形象，以作為裙裝與外套的裝飾圖案。和路迪士尼Walt Disney的高飛狗、米奇和米妮也戴上了護甲和頭盔，在一系列

服裝上全新亮相。整個系列突顯了阿羅拉的能力，他能夠自看似不相關的元素與想法中打造出一套完整的造型，同時又強化了他作為國際時裝設計師的地位，能夠通過他精美的時裝設計消除東西方鮮明的界定。自1997年創立自有品牌以來，阿羅拉已經創作了許多充滿想像力的作品，融合了傳統刺繡與其他各種裝飾工藝，運用波普藝術風格的色彩搭配和數不勝數的借鑒元素。他的裝飾顯示出奢華與繁複的特點，同時又細緻入微地記錄了他在時裝產業中的個人成長。在倫敦時裝週辦秀時，英國國會大廈與皇室閱兵慶典的全景照被密集地印製在傘裙上；之後在巴黎，裙子上出現的則是埃菲爾鐵塔。從一開始，他的目標就是要打造一個全球化的奢侈品牌，同時迎合印度以及各國消費者的品味。確實，他的時裝風格使得這些區別越發不合時宜。大多數情況之下，這些消費者之間沒有任何差異，如阿姆斯特朗(Lisa Armstrong)所言，阿羅拉「看起來並沒有迎合國外市場 —— 也沒有試圖弱化自己的繁複風格」。

　　21世紀早期見證了時裝週在全球各地穩步增長的日程安排，時尚潮流通過互聯網的即時傳播，以及印度、中國等國財富與工業生產的增長。阿羅拉的個人成功是印度作為時尚中心的自信不斷發展的產物。印度的紡織品與手工技藝自古就聲名遠揚，但直到1980年代晚期才開始建設發展時裝產業必備的基礎設施。

圖18 曼尼什·阿羅拉在其2008-2009秋冬系列中融入了女戰士形象與華特·迪士尼動畫角色的刺繡圖案

高級時裝設計師開始出現，包括阿羅拉曾就讀的新德裏國家時裝技術學院在內的專業院校培養出一批新興設計師。1998年，印度時裝設計理事會成立，旨在推廣印度設計師以及尋求資金支持。這使得成衣品牌有了發展的可能，也為在印度之外發展影響範圍更廣的時裝產業打下了基礎。阿羅拉的商業能力使他獲得了世界範圍內的知名度，並為他帶來利潤豐厚的設計合作機會。例如，他為Reebok製作了一個鞋履系列，為Swatch打造了一個限量腕表產品系列，還給MAC設計了一個彩妝系列，展現了他標誌性的明亮色彩和他對閃亮表面的熱愛。像這樣的商業合作為阿羅拉提供了擴張自有品牌的平台。

儘管如此，他的成功不應當只以他在西方世界內的認可度來判定。相反，作為不斷壯大的能夠熟練操作國際化銷售並獲得關注的非西方設計師群體中的一員，阿羅拉身上體現了時裝產業核心的地位正從西方逐漸偏離這一趨勢。這一過程絕沒有終結；值得注意的是，儘管阿羅拉在倫敦和巴黎的時裝秀提升了其在國際媒體與買手群體中的形象，他仍然會在印度辦秀。而印度中上層階級的崛起意味着他和他的同儕擁有巨大的潛在國內市場，這種情況同樣出現在其他致力發展時裝產業的國家，其中就包括中國。

西方時尚都市也從吸引國際設計師加入本地項目帶來的聲望中受益。倫敦時裝週一直爭取國外媒體與

首要店鋪買手出席時裝週大秀，努力維持着自己的業界形象。2005年2月，記者阿索姆和漢密爾頓(Caroline Asome and Alan Hamilton)描述了阿羅拉、日本的丹麥–南斯拉夫裔與中國裔雙人設計師組合duo Aganovitch and Yung等名字如何給時裝週日程增添了趣味和多樣性。這些國際設計師與倫敦本地的尼日利亞裔設計師Duro Olowu、塞爾維亞裔設計師Serbian Roksanda Ilincic，還有來自新加坡的設計師Andrew Gn同台展示。這些來自全球的名字彙聚一城，突出了時裝產業的國際化視野，同時也表明，儘管民族風格與地方風格在過去或許有助於將設計師作為群體來推廣，但當越來越多的時尚都市不斷湧現，設計師也在資金的支持下能夠在任何地方展示自己的作品時，這些風格的區別便不再那麼重要了。時裝產業的地理已經發生改變，然而正如Sumati Nagrath所言，「由於印度時裝產業(舉例而言)是全球時裝界一個相對較新的成員，這意味着為了參與其中，『本土』產業必須努力在一個既有體系內運作」。然而，隨着其他地區的發展，加上商品和勞動力流動改變了生產模式，19世紀末形成的時裝產業的基礎格局自身或許也開始轉移重心。

　　如今，巴黎鞏固了其在西方時裝業的中心地位，不過，甚至在20世紀之初，法國時裝業就開始對美國優異的經營方式倍感擔憂了。一旦美國成衣在第二次世界大戰時發展出自己獨有的特色，不只是高定時

裝，成衣也有可能創造時尚潮流。隨着時裝在戰後復興後使用起美國模特，牛仔服和運動裝等休閒風又贏得了國際市場的認可，時裝業迎來了一次根本性的變革，儘管此時的巴黎依舊發揮着巨大的行業影響力。大概在21世紀之初，一次相似的變化進程又蓄勢待發，而這並不必然是一次全新的發展。事實上，至少對於印度和中國而言，它代表了奢侈品和視覺誇示在這些國家的復興，它們豐富技藝的悠久歷史曾因殖民主義、動盪政局與戰爭炮火而中斷。

貿易與流通

貿易線路自公元前一世紀起就將紡織品輸送到世界各地，將遠東、中東地區與紡織品商貿繁盛的歐洲城市連接了起來。意大利曾是東西方世界之間的一道大門，它將自己打造成奢侈紡織品貿易中心。北歐形成了羊毛製品中心，意大利則以其樣式色彩豐富的昂貴絲綢、天鵝絨與織錦而聞名天下。威尼斯和佛羅倫薩等城市出產了歐洲的絕大部分精美織物，這些面料有時也會留下創造它們的地中海貿易活動的印記：伊斯蘭、希伯來和東方的文字及紋樣與西方的圖案融合在一起。這些跨越不同文化的元素借鑒是貿易活動的一種自然產物，隨着各國努力控制特定區域或是探索新大陸，這些商貿活動在文藝復興時期發展了起來。

圖19　文藝復興時期的織物常常糅合了歐洲、中東和遠東地區的各種圖案

15世紀到16世紀，貿易活動在更多歐洲國家間不斷壯大，打通了葡萄牙、敘利亞、土耳其之間，印度和東南亞之間，還有西班牙與美洲之間的線路。

17世紀早期，英國與荷蘭先後建立起東印度公司，正式組織起它們與印度和遠東地區的貿易活動。最初，如約翰・斯戴爾斯(John Styles)所說，英國東印度公司最感興趣的是把羊毛出口到亞洲，並且只買回極少量來自東方的頂級奢華織物，因為它們的樣式在英國的吸引力非常有限。不過，到了17世紀後半葉，東印度公司給自己的印度代理人先是帶去圖樣，後來又帶去樣品，鼓勵當地生產出符合英國人心目中「異域風情」的產品紋樣。這些產品大受歡迎，同時也意味着西方時裝在其影響下使用了這些材料後，吸收了更多的東方產品。歐洲積累和發展出成熟的航海知識和運輸方式來保障其貿易，並不斷開發利用着亞洲工匠的創新、變通和技藝。他們生產出品類豐富的原料，並能對消費者的喜好迅速作出反應。這為跨文化交流提供了肥沃的土壤，生產出融合不同國家與民族元素的款式。儘管如此，西方的品味仍佔據支配地位，影響着亞洲圖案的使用方式。消費者被鼓勵欣賞這些來自遙遠國度的風格，這些風格已經經過了深諳其品味和慾望的東印度公司代理人的改造。驅動全球織物貿易的正是人們對奢華面料感官體驗的渴望，還有西方世界對於新興的異域風情的興趣，其巨大的贏

利潛力更是推動了這一活動。這一點建立在精英階層對奢華展示的慾望之上，而這種慾望在所有國家都是共通的。

服飾風格總是趨於保持其獨特性，然而有一些特定類型的服裝卻是從東方演變到西方來的，這裏面就包括歐洲男士和女士在家中非正式場合所著的土耳其長袍式服裝及圍裹式長衣，以及17世紀末掀起的一股類似的穆斯林頭巾風潮。這一時期的肖像畫中，西方男性身著閃光綢質地的裹身外衣休息放鬆，精心修剪過的頭頂上包裹着穆斯林頭巾，以此作為在公眾場合穿戴撲粉假髮套之外的一種令人愉快的逃離。確實，斯塔利布拉斯（Peter Stallybrass）與瓊斯（Ann Rosalind Jones）就曾有過論述，17世紀人們的身份與國家或大洲概念的聯繫不再那麼緊密。他們分析了范戴克1622年所繪的英國駐波斯大使羅伯特·舍利（Robert Shirley）像，以此證明精英的資格在這一時期是身份更為重要的組分。舍利身著與其社會階層、職業身份相宜的波斯裝束。他衣飾上華麗的刺繡、金色背景下色彩鮮艷的綢緞，充分展示了東方的這些技藝是如此純熟，波斯的服裝是如此奢華。斯塔利布拉斯與瓊斯指出，舍利不會認為自己是個歐洲人，因為這一地區在當時尚未形成一致的身份認同。他也不會因為自己的西方人身份而產生優越感。他們認為，舍利會很自然地把波斯服飾作為自己新職位的一個標誌，同時也將其作為

對伊朗國王恭敬之心的一種表示。時髦身份同樣與階層和地位關聯着，但與之相關的還有不同地區或宮廷的審美理念以及個人接受與詮釋當下潮流的能力。然而舍利的肖像表明，這一身份在特定的社會或職業環境中可能會吸納其他民族的期望這些元素，尤其是在國外生活或旅行的時候。在其後一個世紀裏歐洲女性中流行的土耳其式寬鬆裹身裙進一步證明了這一點，它們實際上是像瑪麗·沃特利–蒙塔古夫人（Lady Mary Wortley-Montague）這樣的女性旅行者對真實的土耳其服飾進行的改良。

事實上，似乎17世紀時奢華與誇示的觀念無論在東方還是西方世界的貴族和王室圈子裏都是十分普遍的。卡洛·馬可·貝爾凡蒂（Carlo Marco Belfanti）指出，17、18世紀時尚風潮在印度、中國和日本發展了起來，其中某些特定的審美與風格類型在當時大受歡迎。比如，在莫臥兒帝國時期的印度，服裝製作中人們喜好繁縟的設計，頭紗和頭巾風格流行一時。衣飾剪裁和設計的風潮也開始在大城市的文職人員身上出現。不過，貝爾凡蒂認為，儘管時裝自身在東西方世界中同步發展着，但它並未在東方成為一種社會制度，而到19世紀被禁止的服裝形式成為一種社會常態。

不同文化間的借鑒卻超越精英人群，它體現了基於貿易活動卻有賴於吸引東西方消費者的設計的全球

化影響。西方世界演化出自己對東方服飾設計的獨特解讀。18世紀中葉，中國風(*chinoiserie*)裝飾潮流席捲歐陸。艾琳‧里貝羅(Aileen Ribeiro)描寫了這些對東方世界的再想像，它們創造出各種印滿寶塔、風格化花卉，以及其他改良過的中式圖案的紡織品。我們可以認為這類風潮部分來自貴族們對於衣裝打扮的熱愛，本例中表現為對其他民族文化風格的幻想形式的解讀。中國成為化裝舞會的熱門主題，瑞典王室甚至在皇后島夏宮給未來的國王古斯塔夫三世穿上了中式長袍。

中國風是西方對東方服飾奇幻想像的一股風尚。而18世紀時印度棉布空前的流行則表明，印度紡織品生產與印花設計對市場的影響能擴散到歐洲之外，一直延伸到各國在南美洲的眾多殖民地等區域。大量印度棉布的低廉價格意味着其覆蓋的人群範圍前所未有。這也意味着紡織品設計與風格的全球化審美、大眾獲得時裝的途徑以及易於清洗的衣飾，對社會各群體(極度貧困人群除外)而言都觸手可及。事實上，到了1780年代，所謂的「印花棉布熱」引發了各國政府的恐慌，他們害怕各自的本土紡織品貿易會被淘汰。許多國家都通過了限制法案，包括瑞士和西班牙。韋森特(Marta A. Vicente)寫道，據傳在墨西哥，女人為了買這些外國時裝竟然會出賣色相。然而，最終西方國家在這場傳播迅猛的時裝大潮中發現，比起與它的熱度做鬥爭，他們更應該好好利用它來構建自己的紡

織工業，並且運用從印度織物生產商身上學到的東西，在這場熱潮中好好賺一筆，比如巴塞隆拿就是這麼做的。

這成為將要到來的一場重要全球轉變的一部分——從不斷創新又適應性強的印度紡織品貿易轉向越來越趨於工業引領的西方世界，這一轉變在19世紀加快了步伐。尤其當英國取得了一連串用於提升紡織品生產速度的發明成果之後，它取代了印度的紡織品生產，使得印度手工織造紡織品在1820年代幾乎被徹底拋棄。隨着西方國家開始更加依賴自己的面料生產與出口，而不再依靠進口棉布，時裝業在紡織品生產領域的權力平衡發生了改變。西方時裝體系迅速出現，其形式在未來一個世紀乃至更長時期內都佔據着支配地位。機械化先後使得歐洲與美國的紡織工廠能夠對變化的品味和時裝潮流迅速做出反應。1850年代，歐洲發明的合成染料，尤其是威廉·珀金（William Perkin）發現的顏色艷麗的苯胺紫染料，幾乎徹底摧毀了世界其他地區的天然染料工業。桑德拉·尼森（Sandra Niessen）寫道，這種染料使得這些新鮮而生動的色調風行全球，改變了從法國到危地馬拉等各個角落的傳統與流行服飾的面貌。

整個19世紀的時間裏，西方國家對殖民地不斷征服的過程見證了歐洲列強對紡織品貿易的剝削。儘管維多利亞文化中充斥着顯著的種族主義態度，但精英

階層和中產階級的消費者卻仍舊鍾情於來自歐洲之外的各種產品，其中包括印度的紡織品與日本的和服。利伯蒂（Arthur Lasenby Liberty）1875年在倫敦攝政街開辦了他的百貨公司，裏面銷售着來自東方的傢具和裝飾品，由於老闆喜歡更加寬鬆、顏色更加柔和的亞洲風格和中世紀歐洲的垂褶長裙，店內也銷售着以此為靈感設計的服裝和紡織品。然而，佐藤知子與渡邊俊夫證明利伯蒂對東方的態度是矛盾的，而且表達了西方世界對異域風情的幻想與亞洲真實面貌之間的棘手關係。1889年，利伯蒂在日本待了三個月，像其他同代評論家一樣，他欣喜地發現在西方的影響下，絲綢變得更纖薄，也更易加工，但利伯蒂不喜歡東方絲綢在顏色與圖案上的變化。從日本在1850年代向西方重開國門、開始現代化進程的那一刻起，無論男女都在傳統服裝之外開始穿着西式服裝。對於像利伯蒂這樣維多利亞時代的人來說，這種變化破壞了他們對東方世界的既有觀念。這種觀念十分複雜，因為它已經歷了長時間的逐步演變，在西方對異質文明的認知和對東方設計的再次解讀下成形，這種解讀是對東方作為工業化西方國家的對立面的回應。當19世紀末的「日本熱」傾向於認為東方世界停滯不前，與西方時裝風格的快速變換形成鮮明對比的時候，日本自身正迅速地汲取着西方的影響來改良自己的時裝設計。

本土與全球化

　　20世紀伊始，時裝產業因而從這一複雜的歷史中逐步發展起來。一方面，某些國家，特別是處於西方對東方籠統概念之下的國度，被視為豐富的感官靈感源泉；而另一方面，西方人通常只把世界其他地區當作一種資源，而非對手。貿易網絡幾個世紀以來雖然也歷經了改變與革新，但常常被西方力量所控制。時裝產業擁有全球範圍內的貿易鏈，然而尚未全球化，真正國際化的公司還未形成，世界各地眾多國家也沒有形成完善的時裝體系。這並不是說時裝在西方之外的世界裏不存在；其他大陸也上演着時裝風格的變幻，由本土的審美趣味與社會結構推動。然而，由設計師、製造商創造，以及零售商與媒體推動的周而復始的時裝潮流，在20世紀的後半程發展起來。

　　兩次世界大戰之間，法國高級時裝勢力非常強大，驅動着國際時尚潮流。但是，其成功依靠的不僅是個人定製服裝的銷售，還有其他國家的製造商可以購買與複製的時裝設計銷售。與此同時，倫敦、紐約等城市也在努力建立自己在時裝界的身份，格外關注設計師品牌和時裝引導的製造業。這一過程為戰後時裝產業的加速發展和成長奠定了基礎。高級時裝依舊迷戀着法式風格，但其他國家也迅速發展出自身的暢銷時裝特色，尤其在成衣領域。美國就是一個恰當的

例子：1930年代至1940年代，美國的時裝經常與一種強調統一民族身份的愛國主義神話捆綁在一起推廣。到了1950年代早期，儘管在服裝設計與元素中繼續使用着美國符號，但人們開始更為注重宣傳其國際化的時裝特質與時尚地位。美國*Vogue*雜誌充分展示了這一變化，1950年代雜誌開始越來越多地刊登世界更多國家的時裝設計作品。除了巴黎和倫敦在其評論和廣告中長期佔據重要版面，來自都柏林、羅馬以及馬德里的時裝系列也在每一季中得到刊載。雖然*Vogue*關注的焦點一直是歐洲和西方世界，但這充分展示了對高端時尚地位的渴求是如何蔓延開來的。

隨着這些城市逐漸發展成為潮流中心，美國依靠其設計簡潔、方便穿著的分體服裝以及優雅的禮服等強項站穩了腳跟。這些服裝在戰後銷往更大規模的市場，而最重要的是，牛仔褲與運動服開始在戰後統治全球。牛仔褲對各個年齡、性別、種族、階層而言都很適宜，因而成為推動一種清晰的時尚態度的全球化進程最為顯著的因素。雖說牛仔褲未必全然是自發流行起來的時裝風格，但它們的影響力不斷提升，表達了消費者對於能搭配各種正式和非正式服裝，又足以適應個人風格的那種服裝的需求。到了21世紀之初，牛仔褲佔據了龐大的國際市場，儘管這可能被解讀為時裝因而也是全球視覺特徵的同質化作用，但牛仔褲非常多變，實際上能借助其數不清的排列組合，彰顯

民族、宗教、亞文化以及個人身份。以巴西為例，韋爾德(Mamao Verde)製作出帶有閃亮裝飾物的貼身牛仔褲，以凸顯穿著者的曲線。在日本，牛仔褲成為人們的一種癖好，收藏者努力尋找着稀有的老式Levi's牛仔褲，以及像Evisu這樣的本土品牌，它推出了印有品牌特有商標的版型寬鬆的牛仔褲。給牛仔褲帶來豐富多樣特點的不止是設計師和受熱捧的品牌。當牛仔褲的靛藍色隨着多次水洗變得越來越發白，順着穿著者的身體折出一條條痕跡時，每個人都能創造出自己獨一無二的牛仔褲。牛仔褲可以經常根據顧客需求做修改，也可以與二手或新款服裝混搭在一起，打造出屬於某一特定地域的小規模時裝潮流。通過這種方式，人們可以抵抗同質化與全球化，或者至少以自己的創造力賦予它們與本土而非全球推動力相關的全新感覺。

因此，穿著者將自己服裝和配飾個性化的過程使得原本全球化對視覺風格影響的簡單解讀複雜化了。但是，在眾多例子中，大品牌在全球的擴張帶來了商業街、購物中心以及機場免稅店，這些地方幾乎全都由相同的品牌構成。像Zara這樣的連鎖品牌對本地街頭出現的時裝潮流能快速做出反應，並將其納入他們的設計中，這一過程能夠使他們在不同國家甚至是不同城市的不同分店中銷售不同的產品。不過，在其他情況下，西方品牌對市場的統治可能導致世界各國特定社會階層的時裝風格在視覺上同質化，早期的精英

人群中就出現了這種情況。全球的時尚雜誌中展示着相同品牌的太陽鏡，手袋以及其他配飾，然後被渴望獲得所謂的全球高端時尚風格的消費者納入囊中。其先驅者很明顯是巴黎高級時裝自17世紀開始的行業統治，但到了1970年代，各國的「噴氣式飛機階層」出現後，人們渴望的就很容易是意大利或者美國品牌了。許多城市的富人始終堅持着自己的時裝風格，從而催生出依賴社會邊界而非地域限制的跨國界時裝。

儘管如此，細節上的差異仍然顯現出來，比如說，一個民族對美麗與性別的理念上的差異。年齡是影響這些時尚潮流解讀方式的另一個重要因素。1990年代，英國品牌Burberry標誌性的圍巾、軍裝式風衣以及手袋在韓國青年人群中大受歡迎。儘管我們可以將其看作同質化的一個實例，但品牌標誌的格紋卻以不一樣的方式被穿者演繹着。韓國的情況與日本相同，人們渴望通身都是設計師服裝，從鞋子到髮飾的所有單品都是大牌。這種顯眼的消費在西方看來並不時髦，西方着重於穿著者組合大牌並將其與古著或無名單品混搭的能力，大牌的商標不過是週期性流行一下。韓國青年對Burberry產品的狂熱因而顛覆了其內斂英倫上流階層品味的品牌形象。

梅納德 (Margaret Maynard) 指出了加強的時尚潮流國際融合之間的這種複雜的相互作用，認為在一定程度上這是全球化品牌的結果，後者是20世紀末全球

變革的產物。她認為，這一現象標誌着全球化開始影響經濟、政治以及社會生活，因而也會影響時裝產業。瑪格麗特援引了包括共產主義瓦解、後殖民統治終止、跨國公司與銀行發展、全球媒體與網絡成長等諸多國際事件，認為它們都是為時尚服裝與形象帶來大規模傳播與流通，促使無數國家時裝市場覺醒的原因。國際旅行以及移民方式的不斷增加進一步加速了地域邊界的消失，以及與之相伴的全球化進程。這一過程也引發了許多道德問題，例如，西方資本主義對廉價製造業的搜刮，再比如，與其同步崛起的快時尚也已見證了自身工業生產的衰退。從Gucci這樣的奢侈品大牌到Gap這類大眾市場品牌，都將它們的產品製造外包到了中國、越南和菲律賓等國家。這引發了全球化最為罪惡的負面影響 —— 對工人的壓榨剝削。如今，追蹤供應商並維持工廠標準變得十分困難。工人一直遭受着用工虐待和薪水壓榨，他們還常常來自人口中最為弱勢的群體，比如兒童或新來的移民。全球化就這樣戴上了一副假面，藏身面具之後的是不公正的工業生產勾當。時裝產業巨大的地域覆蓋範圍使得那些未加入工會的勞動力很容易被僱用到，來為增長中的國際市場提供廉價時裝。這也意味着，奢侈品巨頭，比如著名的Louis Vuitton集團，如今已然統治了整個行業，除此之外還有一些主打運動服飾和面向年輕群體的品牌，比如Diesel和Nike。不過，梅納德認為，

本土差異依舊能夠打破全球市場供應商品所帶來的潛在大規模同質化，因此完全統一的時裝造型或者時尚觀念並未在全球範圍內造成普遍影響。

塞內加爾國內的時尚潮流就是這種本土形成的流行文化的典型例子，它們一邊利用着大規模企業產出的時裝大眾文化，同時又能夠抗拒其影響。塞內加爾年輕人喜歡用來自全球各地的不同風潮豐富自己的衣著風格，並自信地將歐洲與伊斯蘭元素以及時裝的不同類型整合在一起。儘管牛仔褲和美國黑人風格的流行顯而易見，但年輕人仍然會委託本土裁縫製作出更為正式的款式。穆斯塔法（Hudita Nina Mustafa）就指出了遠在法國殖民之前，塞內加爾就一直很重視個人形象。她詳細描寫了塞內加爾男女是如何穿著歐非混合時裝與本土特有的服飾的。首都達喀爾有一批善於應變的裁縫、製衣師和設計師，包括著名的烏穆·西（Oumou Sy），她把自己的作品出口到突尼斯、瑞士和法國，這些人對時裝進行了成熟的世界性的利用。他們創造出以當下流行的本土風格、傳統染色及裝飾元素、國際名流，還有法國高級時裝為靈感的服裝。全球化的貿易網絡使得塞內加爾商人能夠訂購北歐的紡織品設計，收購尼日利亞的織物，然後在歐洲、美洲和中東開展貿易活動。整個國家的時裝體系因而整合了本土與全球的潮流，創造出最終到達消費者手裏的時裝。它很快成為全球化時裝產業的一部分，但同時

又保留着自身的商業模式與審美品味。達喀爾這座充滿活力的時尚都會是21世紀各國時裝產業能夠共存、共生的典範。確實，就像拉賓（Leslie W. Rabine）所說的，整個非洲融合了種類繁多的時裝風格與商業類型，它們既在西方資本主義工業體系內運作，又不斷探索其邊界，「借助那些用手提箱和旅行箱運輸貨品的手提箱小販們構成的商業網絡，生產者和消費者創造出跨越國界的流行文化形式」。這樣，街頭商人（比如早期的小販）、往返各地的旅行者和觀光客，還有長期性甚至永久性的移民人群將不同的時裝和配飾傳播到全球的各個角落。種種正式和非正式的方式使得原本清晰的民族身份區分變得模糊起來，正如全球化品牌商品傳播所帶來的結果那樣。事實上，這些方式與國際二手服裝貿易一起，協力抵抗着這些全球化品牌常常代表的同質化理念。

在歐洲和其他城市中展示的最新時裝系列，同樣吸收了跨國時裝設計理念，融合了十分豐富的文化與民族元素，不再能被任一地理區域明確定義。阿羅拉的作品就是這樣的例子，因為他把東方與西方的設計和裝飾風格結合在了一起。20世紀早期的保羅·普瓦雷等設計師是在西方殖民主義的視角下運用中東與遠東的時裝元素，阿羅拉則摒棄了這種等級觀念。

不過，西方世界的「東方化」風潮的確深刻影響了視覺與物質文化。關於誰在生產、控制、支配着圖

像與時裝風格使用的問題一直存在。文化借用在時裝中廣為運用，它為人們的觀念構建、風格形成、色彩運用等提供了豐富的跨文化交流。但是，喬斯·突尼辛(José Teunissen)也提出了她的質疑：

> 異域文化自身的形象常常取決於處於支配地位的西方世界。究竟什麼是印度？是印度人民認為的印度，還是我們這些有着殖民統治歷史的西方人曾經以為的印度呢？

21世紀之初，這始終是一個令人擔憂的議題，考慮到西方悠久且問題重重的殖民統治與支配歷史，關於西方設計師運用「異域」元素是否有所不同的問題也一直懸而未決。或許後現代主義給設計師對來自眾多民族與歷史借鑒元素觀念的有趣糅合提供了充分的理由，就像我們在John Galliano的作品中看到的那樣。不過，這並不足以完全抹去時裝產業的演變背景，或是這些文化借用的歷史含義，以使時裝設計與美學趣味抑或時裝產業的其他領域(例如貿易交往)實現平等交流。隨着越來越多的國家開始在國際上推廣自己的時裝，這些差異也許會逐漸縮小。在足夠多的非西方世界的設計師、奢侈品牌以及成衣製造商擁有與路易酩軒集團及其一眾競爭者相當的實力和影響之前，這一過程將會持續下去。

時裝週把一個國家或一座城市中的設計師集合起來以展示其每一季的時裝系列，它繼續提供着一個中心，通過這個中心來宣傳某一區域的視覺身份，同時為自己的時裝設計師開發並提供平台。時裝是一個具有十分重要的經濟與文化意義的巨大產業，比如，時裝週在眾多南美洲城市的傳播充分展示了它們如何能夠建立起另類的時裝中心。1970年代末到1980年代初在巴黎辦秀的日本設計師取得了巨大成功，充分證明了非西方設計師也可以給全球市場帶來深刻的影響。這一時期，設計師仍舊需要在知名的時裝週辦秀以獲得足夠的知名度和曝光度。山本耀司、川久保玲、高田賢三、三宅一生等諸多日本設計師的作品震驚了西方時裝世界，讓他們意識到高級時裝完全可以發源於自己的界限之外。尤為重要的是，日本時裝帶來了一種人體與面料以及兩者之間相互作用關係的全新視角。

比如三宅一生，他製作的服裝顛覆了西方世界關於美與形的固有觀念，推出了細密打褶的面料，塑造成向身體外伸出的尖端。他重新創造出了符合建築空間理念的女性氣質，不再順着人體自然形態剪裁面料。其服裝形態常常向上延展，並向外延伸以強化身體與服裝之間的對比。他的作品被推上國際舞台，在全球各個城市中展示及銷售。不過，到了1990年代，三宅曾有過表態，儘管（或者說也許是因為）全球「邊界在我們眼前每天被消解又重新定義着……在我看來

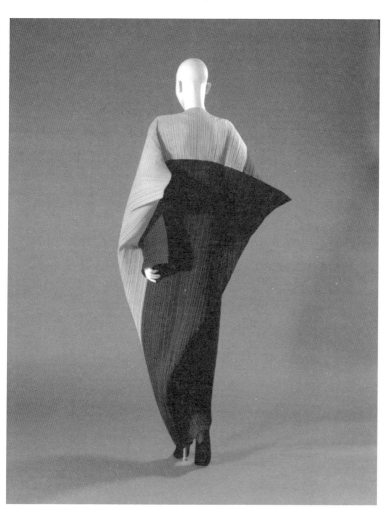

圖20 三宅一生稜角分明的褶皺設計（1990）

這是非常必要的。畢竟邊界是文化與歷史的表達」。他既保持自己的日本身份，同時又能打造出擁有跨越國界的共鳴與魅力的作品，這正是時裝產業全球化種種問題的核心。20世紀末以來，貿易網絡、商品生產、消費行為以及時裝設計，全都越來越緊密地與全球化的時裝體系聯繫在一起。不管對設計者還是穿著者來說，時裝的全球化都沒有完全壓抑本土與個人通過時裝表達的東西。但是，21世紀之初的經濟衰退或許會加快那些建立在成熟生產模式之上的非西方時裝設計的發展，並引發世界時裝勢力平衡的一次巨變。

結語

　　泰莉‧艾金斯(Teri Agins)在她1999年的重要著作《時裝的終結》(*The End of Fashion*)裏記述了她眼中所見的產業在20世紀末從時裝向服裝的轉變。她認為法國高級時裝放慢了腳步,以滿足強調價位合理又實穿的經典款式的需求,並且依靠特許經營權來維持生存,尤其是它在全球範圍內的香水銷售。與此同時,歐洲的大公司們已經發現,比起Dior的John Galliano等風格較為誇張的英國設計師,像Celine麾下的Michael Kors等美國設計師能為其系列品牌帶來更多的銷售。艾金斯概述了設計師對營銷而非設計革新的關注。這帶來的後果是大眾開始對時裝審美疲勞,而對Gap、Banana Republic等高街連鎖品牌更感興趣,因為它們能夠可靠地提供各類基本服裝款式,偶爾又能引發時尚潮流。艾金斯的論述非常有説服力,它恰好發表於國際經濟衰退與遠東股市崩潰這十年的尾聲。正如她所指出的,由於極簡主義設計已經流行,簡化的服裝本身就是偏離精緻時裝的潮流的一部分。

　　那麼,時裝在1990年代真的終結了嗎?這意味着日常的服裝最終勝出了嗎?艾金斯的確指出了國際市

場中一股重要的流行趨勢。不過，最有趣的或許是它自身也是一股潮流。正如她自己所說，極簡主義在當時是一種時尚，所以市場各個層面中出現的極簡風格都是這種時尚的一部分。我們還必須注意到其他潮流也在顯現。Alxander McQueen等年輕設計師自1990年代初開始嶄露頭角，創建了既依賴於特許經營權，又在時裝設計上不斷創新的個人品牌。重要的是1990年代中期，也就是艾金斯認為的開始偏離時裝的轉折點，正是Matthew Williamson等設計師在作品中開始對手工技藝與細節製作興致漸濃的時期。或許艾金斯發現的並非時裝的終結，而是時裝自始至終靈活多變形式的一個實例。隨着文化、社會以及經濟環境的演變，設計師的靈感、消費者的需求以及更為關鍵的慾望，也會不斷變化。

誠然，從街頭時尚到高級時裝，當時掀起了一股強勢的以工作服飾為靈感的潮流，它涵蓋了各種各樣的元素，既有工裝褲又有垃圾搖滾風，還有Jil Sander等設計師踐行的風格冷淡、充滿知識分子情懷的極簡主義。但是，還須記住的是各種各樣的時裝風格是同時存在的；當時的高級時裝里哥特服飾、暗黑與拜物風格又有所復興。此外還有威廉姆森水果般色彩鮮艷的時裝，把奢華的細節與鮮亮的印花重新帶回人們的視野。當美國仍然鍾情於Gap的時候，它在歐洲卻開始衰落，Gap產品寬鬆的版型和並不鮮明的風格難以

與新興的時髦又令人興奮的對手抗衡，比如英國的Topshop和法國的Kookai。艾金斯因此會寫到美式時裝、服裝品味與生活方式的轉折點，而此時正是替代此種現象的新事物吸引大眾想像的時刻。她因而確實眼光獨到地看到了這一時刻在時裝史中的重要性，但是，時裝表面上的衰退其實如同黎明前的黑暗時刻，它必將再次勃興，成為從高街時尚到高級時裝的驅動力量。

艾金斯的著述讓我們再一次清晰地意識到時裝可以不斷借鑒吸收外界影響的這種與生俱來的能力，它能夠按照有時甚至能通過預期新的生活方式與審美來重塑自己。21世紀之初，服裝一如既往地是市場中的重要組分，在艾金斯看來，衣櫥經典款式的需求也從未停歇。不過，新興的高級時裝設計師，比如Lanvin的Alber Elbaz、Balenciaga的Nicolas Ghesquiere、Yves Saint Laurent的Stefano Pilati以及Balmain的Christoph Decarnin，又一次引發了全球對法國時裝的熱情。即使大多數人只會想要購買他們的標誌性手袋，但這些設計師每一季的風格表達很快就出現在高街連鎖品牌中。美國的青年設計師依舊延續着這個國家引領運動服飾的歷史，但普羅恩薩·施羅(Proenza Schouler)和羅達特(Rodarte)這些牌子把這些風格轉變為奢華的形式，裝飾以高級時裝的精緻細節。倫敦的新興設計師，比如Todd Lynn, Louise Goldin和Christopher Kane則

分別重新表現出對精緻剪裁、創意十足又色彩豐富的針織衣物以及季節性變化的廓形的興趣。

世界上的其他城市同樣熱衷於開發時裝這種視覺與物質形式。最典型的應該是印度、中國、南美洲以及太平洋沿岸地區，在那裏時裝週開始推廣本土設計師，同時又積極探尋國內國際不同品牌。在中國，對時裝設計教育與促銷貿易的興趣超過了對產能的投資熱情，力圖在未來打造強大的時裝設計形象。印度和俄羅斯新興的中產階級和上層階級意味着這個全新的人群渴望通過服裝來表達自己的身份與品味。新的時裝雜誌湧現出來，既有重要的擁有不同國別版本的 *Vogue*、*Elle* 與 *Marie Claire*，也有以本土風格為靈感的各類新刊物。

在街頭，時裝比以往都更加顯而易見，並分門別類地呈現在各大網站頁面上，比如http://www.thesartorialist.com，此外也有一些專注介紹從斯德哥爾摩到悉尼等特定城市人群時尚風格的網站。它們充分證明了時裝始終具有的通過組合既有潮流與新興年輕潮流來表達個性的能力。亞文化時裝同樣充滿了活力，這包括對1980年代傳遍全球的哥特風的改良，以及與之相關的青少年情緒搖滾(emo)風潮。俱樂部時裝風尚越來越艷麗奪目，借鑒了1980年代新浪漫主義與「銳舞」(Rave)文化。一如既往地，時裝通過借鑒自己的歷史不斷向前發展。它交叉借鑒着

自己的過去，將重新排列後的風格組合在一起。就這樣，Christopher Kane以阿瑟丁・阿拉亞（Azzedine Alaia）1980年代的緊身裙與Versace 1990年代初充滿活力的設計為靈感，創造出令人耳目一新的時裝。「新銳舞」重新改造了上一代的螢光色與超大碼標語T恤衫。在這些例子中，新世紀見證了人們對大小與色彩的喜好，而1990年代的大部分時裝都缺乏這些。

21世紀之初也見證了越來越多具有道德訴求的品牌和網站的建立，它們關注時裝對地球產生的影響，同時關心工人的權益。在各類報道曝光了從墨西哥到印度等國家為西方知名品牌生產服裝的工廠剝削現象後，這些品牌和網站的興起代表了對此種現象的有力回應。時裝開始需要處理自己的生產方式，這是一個重要的轉變。儘管從19世紀中葉開始人們就在呼籲，但對此的回應卻是時斷時續。道德時裝的此次繁榮能否滲入整個產業，為紡織品製造與服裝生產方式帶來永久、深遠的變革，仍需拭目以待。我們希望這是一股長期的潮流趨勢，而非曇花一現的風尚。

與此同時，時裝也成長為學術研究的對象，有越來越多的專著和期刊來研究其本質、地位以及意義。全球各大博物館推出的時裝展覽大獲好評，引發人們對時裝的極大熱情。在市場的另一端，名流文化的興起使得時裝的傳播速度甚至超越了好萊塢的全盛時期。社會、文化以及政治生活方式與態度的這些不同

方面，逐漸與時裝的誕生、傳播以及越來越全球化的特性聯繫在一起。時裝因而並未終結，但它確實發生了變化，並且極有可能處在另一次深刻變革的邊緣。隨着非西方時裝體系暗自發展壯大，經濟衰退又席捲而來，時裝主力很可能會轉向東方。儘管自文藝復興時期演化而來的西方時裝產業不太可能被其吸納，但面對來自全球的挑戰，它必須學會快速適應並做出精準有效的回應。

推薦閱讀書目

Introduction

Breward, Christopher, *The Culture of Fashion: A New History of Fashionable Dress* (Manchester University Press, 1995).

Bruzzi, Stella and Pamela Church Gibson, *Fashion Cultures: Theories, Explorations and Analysis* (Routledge, 2000).

Jarvis, Anthea, *Methodology Special Issue, Fashion Theory: The Journal of Dress, Body and Culture*, vol. 2, issue 4 (November 1998).

Kawamura, Yuniya, *Fashion-ology: An Introduction to Fashion Studies* (Berg, 2004).

Kaiser, Susan, *Social Psychology of Clothing: Symbolic Appearances in Context* (Fairchild, 2002).

Purdy, Daniel Leonhard (ed.), *The Rise of Fashion: A Reader* (University of Minnesota Press, 2004).

Chapter 1: Designers

Aoiki, Shoichi, *Fresh Fruits* (Phaidon, 2005).

Kawamura, Yuniya, *The Japanese Revolution in Paris Fashion* (Berg, 2004).

Muggleton, David, *Inside Subculture: The Postmodern Meaning of Style* (Berg, 2000).

Seeling, Charlotte, *Fashion: The Century of Designers, 1900–1999* (Konemann, 2000).

Steele, Valerie and John Major, *China Chic: East Meets West* (Yale, 1999).

Chapter 2: Art

Francis, Mark and Margery King, *The Warhol Look: Glamour, Style, Fashion* (Little, Brown and Company, 1997).

Martin, Richard, *Fashion and Surrealism* (Thames and Hudson, 1989).

Radford, Robert, 'Dangerous Liaisons: Art, Fashion and Individualism', in *Fashion Theory: The Journal of Dress, Body and Culture*, vol. 2, issue 2 (June 1998).

Ribeiro, Aileen, *The Art of Dress: Fashion in England and France, 1750–1820* (Yale, 1995).

Townsend, Chris, *Rapture: Art's Seduction by Fashion since 1970* (Thames and Hudson, 2002).

Winkel, Marieke de, *Fashion and Fancy: Dress and Meaning in Rembrandt's Painting* (Amsterdam University Press, 2006).

Chapter 3: Industry

Gereffi, Gary, David Spencer, and Jennifer Bair (eds.), *Free Trade and Uneven Development: The North American Apparel Industry after NAFTA* (Temple University Press, 2002).

Green, Nancy, *Ready-to-Wear, Ready-to-Work: A Century of Industry and Immigrants in Paris and New York* (Duke University Press, 1997).

Jobling, Paul, *Fashion Spreads: Word and Image in Fashion Photography since 1980* (Berg, 1999).

McRobbie, Angela, *British Fashion Design: Rag Trade or Image Industry?* (Routledge, 1998).

Phizacklea, Annie, *Unpacking the Fashion Industry: Gender, Racism and Class in Production* (Routledge, 1990).

Tulloch, Carol (ed.), *Fashion Photography*, Special Edition of *Fashion Theory: Journal of Dress, Body and Culture*, vol. 6, issue 1 (February 2002).

Chapter 4: Shopping

Benson, John and Laura Ugolini, *Cultures of Selling: Perspectives on Consumption and Society since 1700* (Ashgate, 2006).

Berg, Maxine and Helen Clifford (eds.), *Consumers and Luxury: Consumer Culture in Europe, 1650–1850* (Manchester University Press, 1999).

Lancaster, Bill, *The Department Store: A Social History* (Leicester University Press, 1995).

Leach, William, *Land of Desire: Merchants, Power and the Rise of a New American Culture* (Vintage, 1993).

Richardson, Catherine (ed.), *Clothing Culture, 1350–1650* (Ashgate, 2004).

Shields, Rob, *Lifestyle Shopping: The Subject of Consumption* (Routledge, 1992).

Worth, Rachel, *Fashion for the People: A History of Clothing at Marks and Spencer* (Berg, 2007).

Chapter 5: Ethics

Arnold, Rebecca, *Fashion, Desire and Anxiety: Image and Morality in the Twentieth Century* (I. B. Tauris, 2001).

Black, Sandy, *Eco-Chic: The Fashion Paradox* (Black Dog, 2008).

Guenther, Irene, *Nazi Chic: Fashioning Women in the Third Reich* (Berg, 2005).

Ribeiro, Aileen, *Dress and Morality* (Berg, 2003).

Ross, Andrew (ed.), *No Sweat: Fashion, Free Trade and the Rights of Garment Workers* (Verso, 1997).

Chapter 6: Globalization

Bhachu, Parminder, *Dangerous Designs: Asian Women Fashion the Diaspora Economies* (Routledge, 2004).

Clark, Hazel and Eugenia Paulicelli (eds.), *The Fabric of Cultures: Fashion, Identity, Globalization* (Routledge, 2008).

Eicher, Joanne B. (ed.), *Dress and Ethnicity: Change across Space and Time* (Berg, 1999).

Kuchler, Susanne and Danny Miller, *Clothing as Material Culture* (Berg, 2005).

Niessen, Sandra, Ann Marie Leshkowich, and Carla Jones (eds.), *Re-Orienting Fashion* (Berg, 2003).